Kinderkram

Kinderzimmer für
kleine Leute von heute

gestalten

Die ersten vier Wände

**von Interior Designer
Antonius Schimmelbusch**

Sind Sie schon mal barfuß auf einen LEGO-Stein getreten? Dann wissen Sie: Erstens tut das saumäßig weh, und zweitens verändert nichts das Leben in einem Haushalt so sehr wie die Tatsache, dass er plötzlich von Kindern bevölkert wird. Auch dann, wenn deren Ankunft nicht den Umzug in eine größere Wohnung oder ein Haus bedeutet, werden bestehende Grundrisse meist neu durchdacht – insbesondere im urbanen Raum, wo Platz zum Wohnen immer knapper wird. Aus Arbeitszimmern, Ankleiden oder anderweitig luxuriös genutzten Flächen werden dann Kinderzimmer, die von den frischgebackenen Eltern mit viel Gestaltungswillen eingerichtet werden.

Zu keinem Zeitpunkt in der Geschichte hat man Kindern so viel Aufmerksamkeit geschenkt wie heute. Eltern widmen einen Löwenanteil ihrer Zeit der Überlegung, was für ihre Kinder wohl das Beste ist. Dazu gehören längst auch stilistische Fragen. Im Internet beschäftigen sich zahllose Blogs mit der Kindheit und ihren verschiedenen Erscheinungsarten in Form von Interieurs, Spielzeug und Ritualen. Ganz klar kann man sagen: Die Kindheit ist „stylish" geworden. Sie wird von anspruchsvollen Eltern optisch kuratiert.

> Zu keinem Zeitpunkt in der Geschichte hat man Kindern so viel Aufmerksamkeit geschenkt wie heute.

Und doch hat unsere Erfahrung als Interior-Design-Duo, als Gestalterinnen von zahlreichen Kinderzimmern sowie als Mütter von insgesamt drei Kindern uns vor allem eines gelehrt: So pädagogisch sorgfältig und ästhetisch ambitioniert wir die Zimmer unserer Kinder auch herrichten – die schönsten Momente entstehen doch, wenn die ungehemmte Kreativität der Kleinen sich an Stellen der Wohnung manifestiert, die ursprünglich eine ganz andere Funktion hatten. Wenn Züge durch Tunnels aus Stuhlbeinen fahren, wenn Bücherstapel zu Kaufläden werden, wenn auf Töpfen musiziert wird und Küchenschubladen als behagliche Puppenstuben dienen.

Oder wenn in den frühen Morgenstunden nicht Papier bemalt wird, sondern gleich direkt die Schreibtischoberfläche, mit einer Filzstift-Fantasiewelt und so detailliert und schön, dass man als Mutter staunend und stolz das Schimpfen bleiben lässt. Oder wenn man irgendwann einfach akzeptiert, dass sich auch mal opulente Spielzeuglandschaften im sonst streng minimalistischen Wohnzimmer ausbreiten, und man die Badewanne nicht nur mit einem Kleinkind, sondern auch mit seinen gefühlten 100 Schleich-Tieren teilt. In diesen Momenten haben sich die Grenzen des Kinderzimmers und auch des ▶

Das Schönste am Leben mit Kindern ist schließlich, selbst wieder Kind sein zu dürfen.

▼ Erlaubten längst verschoben. Das Geplante, das Geregelte, mit dessen Etablieren wir als Eltern so oft beschäftigt sind, ist dem Spontanen, dem von der Euphorie des Augenblicks getragenen Chaos gewichen.

Als Einrichterinnen wollen wir naturgemäß nicht etwa die Botschaft verbreiten, man solle dem Chaos seinen Lauf lassen. Wir bemühen uns vielmehr täglich selbst darum, das Chaos, das unsere Kinder verursachen, zu kanalisieren. Uns geht es beim Einrichten daher darum, für Kinder räumliche Situationen zu schaffen, die Geborgenheit vermitteln und ihre Fantasie anregen. Die Kinder einen Ordnungssinn erlernen lassen, ohne ihre Kreativität einzuengen. Die sie an das Ritual des Teilens mit Geschwistern oder Freunden heranführen. Und ja, die sie auch so etwas wie Besitzerstolz lehren.

Dabei geht es immer auch darum, die Persönlichkeit eines Kindes zu verstehen. Und so versuchen wir, einem Kinderzimmer die optimale Stimulation zu entlocken – für das spezifische kleine Individuum, das es bewohnt. Wenn ein vierjähriger

Junge nach langen Kitatagen immer noch einen unbändigen Bewegungsdrang hat, hilft ihm vielleicht eine Sprossenwand mit weicher Turnmatte, an der er sich austoben kann. Ist ein Kind verträumt, lässt seine Besitztümer oft irgendwo liegen und hat noch Schwierigkeiten, sich zu organisieren, dann braucht es in seinem Zimmer erst recht ein klares und einfach handzuhabendes Ordnungssystem.

Wenn sich zwei Geschwister ein Zimmer teilen und permanent über alles streiten, hilft eine strenge (wir empfehlen farbige) Aufteilung aller Arbeits-, Spiel- und Stauflächen in „meins" und „deins". Wenn ein Kind hingegen eine große Leseleidenschaft entwickelt, lässt sich das durch eine einladende und gemütliche Leseecke fördern, wobei die Beleuchtung eine zentrale Rolle spielt.

Bei einem solchen Gestaltungswillen stellt sich natürlich die Frage: Für wen richten wir Erwachsenen das Zimmer denn nun ein – für das Kind oder für uns selbst? In dieser Frage ermutigen wir zu Egoismus. Wenn im Kinderzimmer ein bequemer Erwachsenensessel steht, auf dem eineinhalb Personen Platz finden, lesen Sie dort sicher lieber Bücher vor als auf dem Boden sitzend, über das Bettchen gekrümmt oder anderweitig auf Zwergenformat reduziert. Das Schönste am Leben mit Kindern ist schließlich, dass wir selbst wieder zu Kindern werden dürfen. ●

◀ Das Team von Antonius Schimmelbusch Interior Design: Melissa Antonius und Lena Schimmelbusch (links)

Die kleinen Eroberer

Wie Erwachsene ihr Revier verteidigen

Die Brio-Bahn fährt durchs Wohnzimmer, im Elternschlafzimmer steht die Babywiege und in der Küche lärmt das Kleinkind am Holzherd im Miniaturformat. Es ist ein Szenario, das alle Eltern kennen: Kinder sind plötzlich überall – und wenn nicht sie selbst, dann ihre bunten Spuren aus Kleinkram. Nicht nur wenn das Kinderzimmer klein ist, machen Kinder gerne die ganze Wohnung zu ihrem Hoheitsgebiet.

Es ist zu begrüßen, wenn Kinder ihre Fantasie entfalten und Ideen in der Wohnung umsetzen dürfen, zumal man sie in der Stadt selten einfach alleine rausschicken kann. Trotzdem sollten Kinder lernen: Es gibt den Erwachsenenbereich, den ich nur beschränkt – und nur mit Erlaubnis – nutzen darf, und es gibt meinen Bereich, wo ich nach Belieben schalten und walten kann, solange ich später wieder aufräume. Falls es fest installierte Kinderecken in den Erwachsenenräumen gibt – etwa eine Spielküche (schöne Modelle gibt es von Brio oder Djeco) in der Elternküche oder einen Basteltisch (zum ▶

▲ Ob nun Platzmangel oder Sehnsucht nach Nähe der Auslöser sind – oft steht das Babybett im Schlafzimmer der Eltern. Schön ist, wenn es sich wie hier in den Farbkanon des Raums einfügt. Der Baldachin schützt vor grellem Licht.

▶ Harry Potter wäre neidisch: In diesem offenen Wohnzimmer eines Lofts wurde eine Lesenische für die Kinder eingerichtet. Eine Schaummatratze, ein paar Kissen und eine Leseleuchte schaffen einen kuscheligen Rückzugsraum.

▼ Beispiel von Richard Lampert) beziehungsweise eine Leseecke im Wohnzimmer – so sollten diese Bereiche immer über ausreichend Boxen, Körbe oder Schubfächer verfügen, in denen die Eroberer ihr kleinteiliges Spielzeug nach dem Benutzen schnell wieder verschwinden lassen können. Wenn Eltern beim Aufräumen auf Widerstände stoßen, empfehlen wir,

> Kinder sind überall – und wenn nicht sie selbst, dann ihre Spuren aus Kleinkram.

mit dem Staubsauger-Szenario zu drohen: Wenn der kommt, ist danach nämlich alles weg.

Wer Teppiche mag, kann sie im Wohnzimmer ruhig mit seinen Kindern teilen. Auch weil Bodenbeläge aus Naturmaterialien viel robuster sind als man denkt. Wir empfehlen, nicht auf infantile Muster zu setzen, sondern bei der Auswahl den Rest der Einrichtung als Anhaltspunkt ▶

▲ Mit Tafelfarbe kann ein Spielbereich im Wohnzimmer visuell markiert werden und bietet zudem Platz für allerhand Kritzeleien – vielleicht auch der Eltern.

Oben rechts: Ein Zeltlager im Wohnzimmer ist ein temporäres Vergnügen, das Kindern maximale Freude macht und auch schnell wieder verschwinden kann.

▶ Generationenübergreifende Nutzung: In diesem Arbeitszimmer darf auch mal wild gebaut werden. Wenn die Erwachsenen wieder freie Tischflächen wieder brauchen, verschwindet das Spielzeug schnell in den Boxen.

▼ Win-win-Situation: Besonders gerne kochen Kinder in der eigenen Miniküche, die im Idealfall in der Elternküche steht. Dieses Modell von IKEA wurde leicht modifiziert und bietet noch mehr Stauraum. Der Stuhl ist für die Eltern, wenn sie mal kosten wollen.

▶ Diese mobile Krippe von RatzRaum (erhältlich über afilii) ist ideal für die Anfangszeit: Wenn das Baby noch kein eigenes Zimmer hat, schiebt man sie dorthin, wo es gerade am besten passt. Zum Beispiel wo kein Fernseher läuft, zum Geschwisterchen ins Zimmer oder, wenn es gerne Stimmen hört, neben den Esstisch.

Rechts unten: Kinder lieben Hochstände und Tritthocker. Sie ermöglichen ihnen immer dabeizusein und sich einiges abzugucken – sei es beim Kochen oder beim Zähneputzen am Waschbecken der Eltern. Diese beiden Varianten gibt es bei afilii.

zu nehmen. Die neue weiche Fläche am Boden ist Einladung genug für Kinder, dort Stunden mit Lesen, Spielen oder einfach nur Lümmeln zuzubringen. Säuglinge, die gerade erst ihre Feinmotorik entdecken, kugeln besonders gerne auf Teppichen herum, starren Muster an, befühlen mit Fingerspitzen die Struktur und vollführen hier ihre ersten Drehungen – am liebsten mit nackten Beinchen. Besonders am Anfang muss man Babys in so gut wie jeden Raum mitnehmen, und da sind Teppiche, Babyschaukeln oder Stubenwagen mit Rollen gut geeignete temporäre Hilfsmittel, die später wieder verschwinden können. Ein Highlight für Geburtstagsfeiern sind Zelte und Baldachine, die sich kurzfristig im Wohn- oder Esszimmer aufstellen lassen. Besonders schöne Modelle gibt es von Cam Cam Copenhagen und bobo kids. Wenn dieses Ritual jährlich wiederholt wird, bleiben die kleinen Installationen immer spannend und prägen sich auf Lebzeiten als besondere Geburtstagslandschaften ein.

Und noch ein kleiner Tipp für heiße Sommertage: Wenn kein Garten, aber ein Balkon vorhanden ist, macht sich hier ein Mini-Pool gut, in dem Kinder plantschen können. ●

Laurence Dougier

▲ Eine stillgelegte Papierfabrik in der Nähe von Paris haben die Designerin Laurence Dougier und ihr Mann Emmanuel als Architekt zu einem unkonventionellen Reich umgebaut. Eine Holztreppe führt zur Schlafhöhle ihrer Töchter, in der sie sich wohl wie im Bauch einer spanischen Galeone vorkommen. Die „Reling" wurde mit Masken und einem Paar Engelsflügel verziert.

▶ In diesen Interieurs fühlt sich einfach alles richtig an: Die Bettwäsche ist weich (Bettbezug von H&M, Bett von La Redoute), die Spielzeugbehälter sind ihrerseits Spielzeug (LEGO-Kisten), und dank der Landkarte an der Wand wird aus jedem Kind ein Weltenbummler (Poster von Famille Sumerbelle). Auf jeden Regenguss folgt außerdem ein Regenbogen (Wolkenmobile von The Butter Flying).

AVENUE DESIGN STUDIO

Mach's dir bequem

Eine fröhliche Farbpalette dominiert im Project R Haus von Avenue Lifestyle das Spielzimmer und das Schlafzimmer der Töchter. Die Schränke wurden mit Elephant's Breath von Farrow & Ball, die Wände mit dem Farbton Dead Salmon gestrichen. Dazu gesellen sich Raffrollos aus Leinen, Vintage-Stühle, Wimpelgirlanden, IKEA-Aufbewahrungsboxen und die kleinen Kunstwerke der beiden jungen Bewohnerinnen. Aus Kanthölzern haben Holly Marder und Hedda Pier einen Raumteiler gebaut, der vom Boden bis zur Decke reicht. Im Schlafzimmer, dessen untere Wandhälfte dunkler gestrichen wurde, gibt es gemütliches Bettzeug, einen marokkanischen Teppich und ähnliche Prinzessinnenfarben wie im Spielzimmer. ●

Ein Zimmer für sich allein

Mit wenigen klug gewählten Objekten wird aus einem ganz normalen Zimmer ein lauschiges Kinderreich. Wahlmöglichkeiten gibt es reichlich. Dieses Zimmer gibt mit seinem gepflegten Mobiliar, allerhand Grautönen und verschiedenen Texturen einen eleganten Wohnraum für Erwachsene ab, aber auch an die kleinen Knirpse ist gedacht. Die Hasenlampe und ein Schaukelschaf mit anthrazitfarbenem Wollpelz lassen eine Kinderlandschaft à la IKEA entstehen, zu der auch ein Strandmon Ohrensessel und eine Spielküche aus Birkensperrholz (mit Induktionsherd) gehören. Abends taucht der rosafarbene Hemsta Leuchtenschirm den Raum in warmes Licht. ●

Zurück in die Zukunft

▲ Wie kleine Prinzessinnen wohnen zwei schwedische Schwestern in diesem Boho-inspirierten Kinderparadies. Karolina Vertus, Stylistin und Eigentümerin der Boutique Miloii, und ihr Mann Daniel Magnusson haben das Zimmer gemeinsam gestaltet und mixen moderne Naturmaterialien mit Flohmarktfunden und romantischem Flair.

TECHNĒ ARCHITECTURE + INTERIOR DESIGN

Im Farbgarten

Technē Architecture + Interior Design haben den neoklassischen offenen Kamin mit seinen Stützsäulen erhalten und dem ansonsten modernen Schlafzimmer eine behagliche klassizistische Note gegeben. In dem überwiegend weißen Ambiente springen die Farben und Texturen umso stärker ins Auge: der runde, farbenfrohe Bommelteppich auf dem kaffeefarbenen Teppichboden, die violette Filzskulptur an der Wand, die Elefantenbettdecke, ein grün umranktes Puppenhaus mit pinkfarbenen Fenstereinfassungen, zwei Wandkästen mit farbstarker Innenausmalung, in denen ein Sparschwein und eine Eule zu Hause sind. Eine zweite Eule schaut vom Bücherregal herab. ●

▲ Die mitternachtsblauen Wände bilden zusammen mit den breiten, weißen Fußleisten und dem Fischgrätparkett einen neutralen Rahmen für ein Kinderzimmer, das sich Geschwister teilen. Die vielen Spielsachen können in einem praktischen Schrank mit Schiebetüren untergebracht werden – zum Beispiel von Miliboo.

Sigmar London

▶ Axels helles und praktisches Schlafzimmer befindet sich in einem Bauernhaus aus dem 18. Jahrhundert, das an einem schwedischen See liegt. Designer Sigmar London gab dem Zimmer mit viel Stauraum unter dem Bett, einem Zirkuszelt und einem bergsteigenden Affen an der Wand einen besonderen Charakter. Durch die Dachschrägen entstehen gemütliche Ecken und Winkel, die Geborgenheit geben.

Fabienne Collombel

▶ Dieses Zimmer ist wie ein bunter Blumenstrauß in einer Vase: In Marseille hat die Designerin Fabienne Collombel die weißen Wände mit hellen Farbakzenten belebt – einer ausladenden Blumenranke als Wandaufkleber, einer geblümten japanischen Papierlaterne und der IKEA-Wandleuchte Smila Blomma, gepunktetem Bettzeug und einem kunterbunten Flickenteppich.

Josh Schweitzer

▲ In diesem Kinderschlafzimmer in Los Angeles hat Josh Schweitzer ein mattes Kurkumagelb mit Himmelblau kombiniert. Durch die großen Bodenfenster hat man einen tollen Blick ins üppige Gartengrün. Um den knappen Platz bestmöglich zu nutzen, brachte er im Bettkasten eine ganze Kommode unter.

STUDIO REVOLUTION

Im Strandhaus

Studio Revolution konzipierte dieses kalifornische Strandhaus für eine vierköpfige Familie. Eine nur 120 cm hohe Tür führt ins Kinder- und Gästezimmer unter dem Dach. Zum sandfarbenen Teppich kombinieren die Designer ein Steinsitzkissen von Five Times One. Tropfensticker regnen von den Wänden. Hinter den Schranktüren versteckt sich ein Babybett. Designakzente setzen der LCW-Stuhl von Eames by Vitra, das Kuhfell von Pure Rugs und die Leuchte von Miffy. Die Wände in Benjamin Moore Super White und die Fensterrahmen in Mopboard Black passen zum Stil des Hauses. ●

Old School

▶ Der Retrostil bestimmt das Interieur der Möbel- und Interiordesignerin Julia von Werz. Im Spielzimmer ihres Londoner Hauses kombiniert sie britisches Townhouse-Flair mit ausgesuchten Vintage-Schätzen aus München. Mit dem antiken Puppenwagen geht es zum Einkaufsbummel in den Spielladen.

KARINA KALIWODA

Zusammen im Wohnzimmer

Eine Einrichtungsberaterin und gelernte Modedesignerin hat in ihrem Hamburger Wohnzimmer eine Spielecke für ihren Sohn geschaffen. Sie kombinierte preisgünstige Produkte von IKEA, H&M und HEMA (Aufbewahrungskisten, Wolkenlampe, Spielteppich) mit Flohmarktfunden (Puppenwagen, Vintage-Stuhl, Holztraktor) und Retro-Schmuckstücken wie einem Spielzeugauto. Der graue Betthimmel und die Sternkissen von Numero 74 schaffen eine gemütliche Kinderhöhle. Vom Sukhi-Filzkugelteppich bis zum Häkelmobile von DaWanda wirkt alles so zart wie Babyhaut. ●

Es werde Licht!

Hell, dunkel, „nicht ganz dunkel"

▲ Passend zum verspielten Look dieses Zimmers gondelt ein Heißluftballon über dem Bett – niedrig montiert, ersetzt er hier die Nachttischleuchte.

◀ In diesem farbenfrohen Kinderzimmer wird auf ein starkes Oberlicht-Trio gesetzt. Eine Schreibtischleuchte bringt am Abend Licht ins Dunkel.

Es ist ein großer Moment, wenn die Kinderhand das erste Mal den Lichtschalter erreicht. Vorher befanden sich Hell und Dunkel fest in elterlicher Regie – jetzt vertreibt das Kind selbst die Dunkelheit.

Ein Kinderzimmer ist mal Präzisionswerkstatt, mal Höhle. Manchmal entstehen hier über mehrere Tage hinweg ausgeklügelte LEGO-Landschaften, die unter nahezu klinischer Beleuchtung errichtet werden, dann wieder wird ein Seil durch den Raum gespannt, um mit allen im Haushalt zur Verfügung stehenden Decken eine Zeltlandschaft zu erschaffen, aus der nur der schwache Schein einer Kindertaschenlampe flackert. Verschiedene Aktivitäten erfordern verschiedene Beleuchtungslösungen. Ein starkes Deckenlicht mit ausreichender Lichtstreuung muss aber die Basis sein. Dem Tageslicht ähnlich, fördert es die Konzentration und ist ideal zum Wiederfinden von Puppenschuhen oder beim Aufräumen. Unsere eigene Kindheit war geprägt von IKEAs Noguchi Rip-off, dem zarten Reispapier-Ballon. Heute sind der Fantasie keine Grenzen mehr gesetzt: Es gondeln Heißluftballons (zum Beispiel über Cam Cam Copenhagen) über der Zimmermitte, es hängen Sonnen, Monde und manchmal sogar Wolken, die zugleich ▶

Verschiedene Aktivitäten erfordern verschiedene Beleuchtungen.

▼ Lautsprecher sind (zum Beispiel von Richard Clarkson), über dem Zwergenreich.

Um unterschiedliche Atmosphären zu ermöglichen, unterteilen wir den Raum in verschiedene Bereiche. So gibt es zum Beispiel eine Arbeitsecke, in der gebastelt wird und wo später die Hausaufgaben gemacht werden. Ein Schreibtisch wird mit einer Tischleuchte ins optimale Licht gerückt – das bei Rechtshändern von links und bei Linkshändern von rechts kommen sollte.

Eine Stehleuchte taucht hingegen einen gemütlichen Sessel, ein Sofa oder auch einfach nur einen Haufen Kissen in einen behaglichen Lichtkegel – ideal zum (gemeinsamen) Lesen. Allerdings sind Stehleuchten nicht für Kleinkinder geeignet, da nicht nur die Kinder, sondern auch die Lampe beim Spielen umfallen können; zu Beginn also lieber niedrig hängende Deckenleuchten einsetzen. Generell sollte das Licht aus wenigstens drei unterschiedlichen Quellen kommen, um das Zimmer gleichmäßig zu beleuchten.

Das Schöne an Kinderzimmern: Hier haben Lichterketten immer Saison! Um das

▲ Kinderbuchhelden sind die idealen Nachtwächter – wie in diesem Fall der 1955 in den Niederlanden erdachte Hase Miffy (über Mr Maria).

▶ Neben der Grund- und Zonenbeleuchtung stammt die Akzentbeleuchtung eher von einer dezenten und dekorativen Lichtquelle – hier von einer Wandlampe. Solche Leuchten kommen besonders an farbigen Wänden gut zur Geltung.

◀ Lichterketten haben im Kinderzimmer immer Saison und setzen bunte Akzente.

▼ Wie mit Helium gefüllt hängen die gläsernen Memory-Luftballons von Brokis unter der Zimmerdecke dieses Kinderzimmers und sorgen für ein stimmungsvolles Grundlicht.

Kopfteil des Bettes oder als Girlande durch den Raum gewunden, setzen diese Lichtquellen magische Akzente (etwa über Mimilou). Bei Kleinkindern muss man Lichterketten allerdings außer Reichweite montieren oder im Zweifel ganz auf sie verzichten. Eine Alternative sind Leuchtfiguren (mit nicht heiß werdenden LEDs, die zudem möglichst aus Kunststoff ohne BPA und Weichmacher bestehen sollten), die für Charme und sanften Lichtschimmer sorgen und auch ein zauberhaftes Nachtlicht sein können (etwa von Egmont Toys oder A Little Lovely Company). ●

▼ Schlafen wie die Großen! Wie ein Master-Bedroom wurde dieses Kinderzimmer auf Symmetrie getrimmt. Die Füße der Keramikleuchten in Feuerwehrmelderrot wirken wie dicke Ballons.

▲ Ein Himmel voller Reispapierballons macht diese Leseecke einzigartig. Eine Tischleuchte mit Eulenfuß taucht den Sessel bei Bedarf in weniger starkes Licht.

Oben links: In 80 Tagen um die Welt: Mit dem Hot Air Balloon von Cam Cam Copenhagen aus Reispapier und mit Textilkabel wird jedes Kind zum Weltenbummler.

◄ Hier wird gekuschelt. Die dimmbare Lampe Brown von Mr Maria wird im Handumdrehen zu einer gemütlichen Lichtquelle.

Das weiße Kaninchen

Dunkelheit muss gar nicht gruselig sein. Die märchenhafte Tapete ist eine Reproduktion von William Morris' Entwurf Strawberry Thief von 1883. Aufwendig überwuchert das Muster aus Vögeln und Pflanzen den mattschwarzen Hintergrund. Passend dazu erinnert das Himmelbett mit seinem zartrosa Baldachin an die aufregenden Zeiten der Ritter und Prinzessinnen. Dazu kann es zur Höhle geschlossen werden. Für das kuschelige Licht sitzt die Heico – Egmont Bunny Rabbit Lamp auf dem Nachttisch. ●

Luftballonreisen

▼ Das Kinderzimmer in Oliver Burns Landhaus im englischen Bedfordshire ist in hellen Grautönen gehalten. Farbtupfer gibt es in Rot und Marineblau – dank der knallroten Schreibtischlampe, der Rollokästen, der ballonförmigen Deckenleuchten, dem Winkelmuster der Raffrollos.

Die Vier Wände

Getigert, gepunktet, individuell

▲ Die Wandteppiche von GUR werden auf Bestellung gefertigt. Dieser ist von dem spanischen Illustrator José Jajaja gestaltet.

▶ Mehr ist mehr! Die florale Tapete „Castanea" von House of Hackney gibt in diesem Zimmer den Ton an. Das schlichte Hochbett von Oliver Furniture und grafische Bettwäsche halten dagegen.

Kein Raum verändert sich so rasant wie das Kinderzimmer. Jede Phase hat ihre eigenen Herausforderungen, jede Zeit ihre Helden. Schaffen Sie einen Rahmen, der sich den wandelnden Vorlieben Ihres Kindes anpasst! Alterstypische Motive wie Schlümpfe, Eisprinzessinnen oder Minions sollten nur auf Gegenständen auftauchen, die sich schnell und nach Möglichkeit kostengünstig austauschen lassen – zum Beispiel auf Bettwäsche oder Postern.

Tapeten, Vorhänge und Teppiche sollten dagegen langlebiger sein – was das Farbspektrum allerdings nicht auf Weiß und Beigenuancen reduzieren muss. Farben und Muster setzen wir in Kinderzimmern gern als ▶

Jede Phase hat ihre Herausforderungen, jede Zeit ihre Helden.

▲ Eine Welt, wie sie uns gefällt: Geblümte Tapete im Granny-Style trifft auf Möbel, wie wir sie aus Pippi Langstrumpfs Villa Kunterbunt kennen und lieben.

▶ Ein echter Gewinner: Ein Teppich kann genauso gut eine Rennstrecke sein!

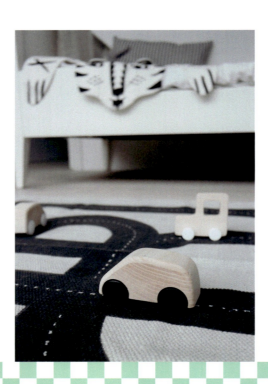

▼ gezielte Akzente ein: Statt aller Wände wird etwa nur eine tapeziert – das wirkt raffiniert und nicht überladen. Farbnovizen raten wir dazu, die Wunschfarbe (des Kindes) nur bis zu einer Höhe von etwa 90 cm einzusetzen. Das rahmt den Raum paneelartig ein und lässt darüber Platz für hellere Töne.

Ihr Kind ist begeistert von dem Film Vaiana? Warum nicht der Wand hinter dem Bett eine üppige Blättertapete (zum Beispiel „Palmeral" von House of Hackney) verpassen, die den hawaiianischen Trend überdauern kann? Oder träumt ihr Sohn von Piraten? Dann kann „Midnatt" von Sandberg, an einer Wand oder sogar der Decke angebracht, ein abenteuerliches Szenario bilden. Und die dunkelblauen Wogen sind auch dann noch cool, wenn Ihr Kind seine Piratenflagge längst an den Nagel gehängt hat.

Wem das alles immer noch zu endgültig ist, dem können wir Wandsticker empfehlen. Sie lassen sich in der Regel leicht ablösen und können in Echtzeit auf die aktuellen Vorlieben Ihrer Sprösslinge eingehen (besonders ausgefallene haben wir bei Studio Ditte entdeckt). Oder Sie folgen der Empfehlung

▲ Die magnetischen Tapeten von Sian Zeng sind magisch und beschäftigen Groß und Klein.

▼ Die Produkte von Studio ROOF vereinen Spiel und Bastelkunst. Dabei kommt zum Beispiel fantasiereiche 3-D-Deko aus recyceltem Karton heraus.

von Stilikone Diana Vreeland und hängen eine horizonterweiternde Weltkarte im Kinderzimmer auf (zum Beispiel über Lilipinso).

Aber nicht nur Wände (und Decke) bieten Gestaltungsmöglichkeiten – auch der Fußboden hat Potenzial. Ideal ist es, hier eine Wechselwirkung aus harten und weichen Bereichen zu schaffen. Auf Holz oder Linoleum (über www.forbo.com und www.dlw.de in vielen Farben erhältlich) kann man gut Autos und Züge rollen lassen und kleine Figürchen haben darauf einen sicheren Stand. Aber legen Sie einen weichen Teppich ▶

darauf, der kann das Farbkonzept aufgreifen, das Lieblingstier abbilden und eine rettende Insel im tosenden Ozean der Spielsachen sein. Und damit auch auf dem Teppich gespielt werden kann, empfehlen wir kurzflorige Exemplare.

Farben und Muster können sogar für Ruhe und Frieden sorgen, – nämlich dort, wo sich Geschwister ein Zimmer teilen. Ein gemeinsam mit den Kindern entwickelter Farbcode für die Wände hinter den Betten oder Schreibtischen (oder auf Körben, Schubladen, Bettwäsche ...) steckt die Territorien dekorativ ab und hilft somit, das Miteinander harmonischer zu gestalten. ●

▲ Eine Sammlung aus Vintage-Spielzeug, Kinderstühlen und Vitrinen wurde an der Wand angebracht und ist ein echter Hingucker.

▶ Auch Spiegel, Rahmen und Urlaubsmitbringsel gemeinsamer Reisen können eine abwechslungsreiche Deko im Kinderzimmer sein.

▶▶ Wem Tapeten oder auffällige Wandfarben zu viel sind, der kann den kindlichen Gestaltungswillen mit Wandstickern befriedigen.

▲ Hüttenzauber: Ferienlaune kommt in diesem Zimmer mit günstiger Holzvertäfelung aus Sperrholzplatten auf. Girlanden und kleine Regale, die liebgewonnenem Spielzeug einen Platz geben, tun ihr übriges.

▶ Vier farbige Wände sind Ihnen zu gewagt? Dann setzen Sie einen gezielten Akzent und entscheiden sich für eine Wand. Tipp: Beziehen Sie Ihr Kind in diese Entscheidung mit ein. Das Ergebnis wird Sie überraschen.

◀ Mit Tapeten können ganze Welten geschaffen werden, wie hier mit Pflanzen und der Tapete von Sian Zeng für Dschungelbuch-Fans.

EMILIE MUNROE

Alles Banane

Emilie Munroe, Eigentümerin von Studio Munroe, befolgte bei der Einrichtung des Babyzimmers in ihrem Zuhause den Ratschlag, den sie auch ihren Kunden mitgibt: „Sie werden sehr viel Zeit in diesem Zimmer verbringen. Machen Sie es sich gemütlich!" Vor den weiß-gelben Wänden steht das Kinderbett. Das Rautenmuster des Teppichs gibt dem Raum Struktur. Dazu kombiniert Munroe die B-A-N-A-N-A-S!-Tapete von Flavor Paper, den Elephant Dresser von Pottery Barn Kids, eine Blu-Dot-Pendelleuchte und Körbe von The Container Store. ●

Masken-party

Wenn die Mitbewohner im Kinderzimmer Inspector Gadget und E.T. heißen, hat die Designerin ein Faible für die 1980er-Jahre. Die Besitzerin des Kindermodelabels Arsène et les pipelettes ist im französischen Baskenland zu Hause und hat das Familienheim selbst gestaltet. Gelungen kombiniert sie Farben und Muster. Sie platziert beispielsweise einen alten Schultisch auf einem Regenbogenteppich und spielt mit der gesamten Materialpalette von Messing über Plastik bis Plüsch. Von den Wänden lachen Tiermasken. ●

Sammelsurium

▶ Alte Gegenstände erzählen ganz neue Geschichten, wenn man sie in einen neuen Kontext stellt. Ros Walshe hat dieses Kinderspielzimmer in Irland mit blassgrünen Wänden und bunt zusammengewürfeltem alten Spielzeug dekoriert: skandinavische Stühle aus dem 18. Jahrhundert, lebensgroße Hunde auf Rollen und weitere kreative Wandverzierungen: ein Kinderstuhl und ein schwarzes Schlittschuhbündel.

BIEN FAIT

Ruf der Wildnis

Das perfekte Zimmer für Dschungelbuch-Fans: Buntes Mobiliar ergänzt das schwarz-weiße Wandbild des Pariser Textilstudios Bien Fait, das mit französischen Kunsthandwerkern zusammenarbeitet. Inspiriert wurde die Stofftapete The Wild von den Landschaftsbildern des Malers Henri Rousseau. ●

Blaue Stunde

Was gibt es Schöneres als eine Umarmung? Dieses Kinderzimmer hüllt seinen kleinen Bewohner in warme Blautöne und weiche Stoffe. Der bezaubernde Farbton erinnert an einen abendlichen Sommerhimmel (Tipp: derselbe Effekt gelingt mit dem Kreidefarbton Totally Tony von Anna von Mangoldt). Sternenstaub versprühen der Stuhl von Kid's Concept und der Tisch von Pirum. Den Platz des traditionellen Schaukelpferds nimmt hier das Rocking Sheep von Danish Crafts ein – wie alle der handgeschnitzten Schafe ist es mit echtem Schaffell verkleidet. ●

JENNIFER YAMSEK

Für angehende Bibliothekare

Nirgendwo machen bunt gemixte Muster, Bücher und Farben mehr Sinn als im Kinderzimmer. Das weiß auch Illustratorin und Buchbloggerin Jennifer Yamsek aus Atlanta, Georgia. Wie in einer fröhlichen Galerie winken geliebte Kuscheltiere und gern gelesene Geschichte von den Bücherborden und hausförmigen Regalen des Herstellers Kukkia. Die weißen Wände des Schlafzimmers verschwinden förmlich hinter dem bunten Treiben. ●

JENNIFER YAMSEK

ATELIER CHOUX

La Belle Vie

Nach der Vorleserunde erzählt das Atelier Choux die Geschichten weiter – mit umweltfreundlicher Handwerkskunst in Form von Wickeltüchern und Bettbezügen, Wandaufklebern und Kissen, gestaltet von dem schwedischen Illustrator Mattias Adolfsson. Die kleinen Kunstwerke, die Lust aufs Sammeln machen, werden in einem öko-zertifizierten Betrieb auf Bio-Baumwollgewebe gedruckt. Darauf wimmelt es in Pastelltönen von skurrilen Geschichten voller Fantasie: retro-futuristische Luftschiffe, bizarre architektonische Gebilde, fluffige Wolken mit dicken Backen und Heißluftballone, die sich als Geburtstagstorten in die Lüfte erheben. ●

SIAN ZENG

Illustrierte Wände

Sian Zeng hat am Central Saint Martins College of Art and Design in London studiert, wo sie nach wie vor lebt. Ihre Tapeten und Stoffbezüge kombinieren modernste Technologien mit traditionellen Techniken und verzaubern Wände, Kissen und Sofas. Auf sofa.com verkauft sie zusammen mit Kooperationspartnern Meterware, Sofas, Sessel, Fußbänke und Wäschetruhen. Die Möbel stehen auf tropfenförmigen Holzfüßen, während sich auf Zengs Woodlands-Tapete Igel und Frösche zwischen überdimensionierten Blumen und winzigen Bäumen und Häusern tummeln. ●

SIAN ZENG

POLINA SOLOVEICHIK

Fantastische Tierwesen

Die gebürtige Russin Polina Soloveichik lebt heute in Berlin. Begonnen hat sie ihre Künstlerinnenkarriere als Straßenmalerin in New York, wo sie ihre Kunstwerke vollständig mit der Umgebung verschmelzen ließ. Als zweifache Mutter weiß Soloveichik um „die verträumte Realität und die realen Träume" von Kindern. Jedes Wandbild ist handgemalt und auf den jungen Bewohner und das Zimmer abgestimmt: An der Zimmerdecke hält sich ein schmunzelnder Gecko fest, ein Wal tanzt mit Quallen und eine Elfe gibt sich ihren Tagträumen hin, während eine Affenmutter ihr Baby in den Armen hält. ●

Superbuden

Organische Materialien und industrielle Elemente halten sich in diesem Kinderzimmer die Waage. Helles Holz trifft auf eine Bauhaus-Schreibtischlampe und einen weißen Eames Side Chair DSW von Vitra. Unaufdringliche Farben schenken dem Raum eine weiche Tiefe. Das rattangefertigte leichte Babybett sorgt für Textur und kann bei Bedarf bequem in ein anderes Zimmer oder in den Garten getragen werden. Über dem größeren Bett leuchtet eine Pompongirlande von WestwingNow. ●

ANNA LANDSTEDT

Schokoladenfarben

Weiche Zimttöne, gedecktes Milchweiß und organische Materialien bringen Wärme in die skandinavische Eleganz dieses Babyzimmers. Die Möbel sind so gewählt, dass sie das Baby beim Großwerden begleiten. Der Wickeltisch von Ollie|s|Out lässt sich auch als Kommode nutzen. Die Wiege von Sebra wird ohne Gitter zum Kinderbett, und der Baldachin von Numero 74 wacht über süße Träume. Der untere Teil der Wand ist in passendem Hellbraun gehalten. Die fröhlichen Wimpel von Atelier Sukha zitieren das Muster des flauschigen Teppichs im marokkanischen Stil. ●

LIVE LOUD GIRL

Bohème Baby

Bunt zusammengewürfelt, energiegeladen, aber nicht überfrachtet: Das niederländische Kreativteam Live Loud Girl hat dieses unkonventionelle Kinderzimmer mit handgefertigtem Mobiliar von White Moss ausgestaltet. Die Hauptrolle spielt die Krippe aus Korbgeflecht (mit flauschig weichen Decken von Kate & Kate), die sich hell, leicht und transparent von der gerasterten Tapete abhebt. Für die Farbtupfer sorgen Spielzeugautos von Pinch Toys und ein Birnenkissen von Mikanu, ein marokkanischer Lamia Beni Ourain-Teppich, den Berberinnen von Maison Saadah handgeknüpft haben, sowie ein Rattanspiegel und IKEA-Wandregale mit grün lackierten Konsolen und die Masken an den Wänden. Und die Vorhänge? Eine Do-it-Yourself-Idee: Der untere Teil wurde einfach in ein oranges Farbbad getaucht. ●

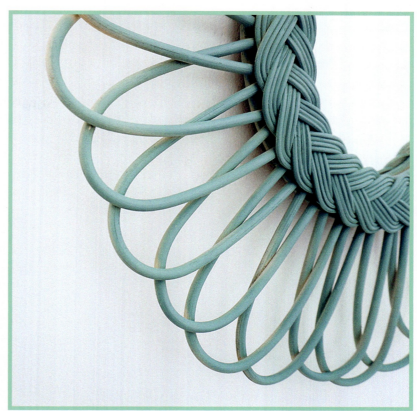

Für Banditen

Durch das großzügige Fenster fallen Sonnenstrahlen in das hell gehaltene Kinderzimmer. Freiliegende Holzbalken und ein ebenfalls schwarz lackiertes Ofenrohr brechen das cleane Weiß auf und betonen die Dachschräge. Dahinter fällt das dezente Muster der Tapete Harlequin von Ferm Living ins Auge, das von den grauen Wellen des weichen Teppichs aufgenommen wird. Zufrieden lächelt das Bärengesicht auf der geräumigen Paperbag von Tellkiddo. Schräg darüber wacht der flauschige Löwenkopf aus der Kollektion Wild & Soft von Nubie über die kleinen Schätze des Zimmerbewohners. ●

Alte Gemäuer

Eltern wissen: Kleine Fingertapser finden sich auf jeder Wand. Also kann man seine Wände auch guten Gewissens in strahlendem Weiß streichen – ganz besonders dann, wenn es sich um ein rustikales Gebäude handelt. In diesem historischen Haus legte Bergstedt eine dekorative Backsteinwand und mehrere Holzbalken frei. Dazu passen die abgeschliffenen Tür- und Fensterrahmen. Leise knurren sich der Löwen- und der Tigerkopf aus der Wild & Soft-Kollektion von Nubie quer durch den Raum an. Der Tisch und der dazu passende Stuhl stammen aus einer ehemaligen Schule. ●

Monochrom

Weiche Materialien bringen Wärme in das hell gehaltene Kinderzimmer. DIY-Elemente sorgen für den individuellen Touch. Auf dem Fensterbrett sitzt eine lebensgroße Kaninchenleuchte neben einer hölzernen Alexander-Girard-Puppe. Warme Füße verspricht der flauschige Teppich aus echtem Schaffell. Zwei rundliche Flechtkörbe mildern die klaren Kanten des Babybetts ab. Das freundliche Bärengesicht auf der Paperbag von Tellkiddo freut sich über schnell verstaute Sockenaffen und liebgewonnene Kuscheltiere. ●

Aus den Augen ...

Aufbewahren, Verstauen und Ordnung lernen

Kinder suchen sich für ihre Rituale eigene Nischen. Immer wieder werden neue Lieblingsplätze ausersehen. Und immer wieder gibt es einen neue Objekte, in die das Kind völlig vernarrt ist. Meist wird nicht der schicke Steiff-Elefant zum Lieblingstier, den man selbst dazu auserkoren hat, sondern eine abgerissene Promenadenmischung, in deren Besitz das Kind auf dem Tauschweg gelangt ist, oder eine schauerliche Neon-Weltraumkatze mit Glubschaugen. Kinder glorifizieren auch oft ganz einfache Dinge – einen Stein etwa, den sie unterwegs gefunden haben, der dann ein Gesicht aufgemalt bekommt und gut behütet in einer selbstgebastelten Koje aus einer Streichholzschachtel in Sichtweite der Kinderaugen auf dem Nachttisch liegt.

Und so brauchen Kinder ein Ordnungssystem, das ihnen schon von klein auf dabei hilft, das Aufräumen zu bewältigen. Das bedeutet zunächst, dass es in ihrem Zimmer Schubladen oder Behältnisse geben sollte, die sie eigenständig öffnen und schließen können (einfach und gut: von IKEA oder Flexa). Auf ▶

◀ Das Spielmöbel von CasieLiving ist eine Kombination aus Setzkasten und Puppenhaus bietet Raum für Kleinigkeiten und wird zusätzlich mit Tape auf dem Fußboden zum Boxenstopp.

▶ Designierte Orte machen das Ordnung halten leichter: Diese Garderobe in Kindergröße ist aus Stöcken gebaut, der Wald wird mit Washi Tape auf der Wand fortgesetzt.

▼ diese Weise bekommen Kinder ein Gefühl der Unabhängigkeit in ihren eigenen vier Wänden.

Wichtig ist auch, die Übersicht zu bewahren: Am besten gibt man jeder Spielzeuggattung ihren eigenen Ort. Ein Fenstersims für die wachsende Dinosauriersammlung, eine Kiste für Bauklötze, ein Bücherregal, das die oft großformatigen Kinderbücher auch stehend beherbergt – denn Bücherstapel sind für Kinder oft schwer zu handeln; eine Pinnwand für Kunstwerke, eine Box für Stifte. Für Ordnung im Kinderzimmer – immer

▶ Dank der tierischen Garderobenhaken von ferm LIVING tanzt hier nichts mehr aus der Reihe.

▼ Eine Kleiderstange mit Kostümen ist eine tolle Alternative zum klassischen Verkleidungskoffer! Die Outfits sind leicht zugänglich und werden daher häufiger benutzt.

ein Reizthema zwischen den Generationen – gibt es einfache Regeln, die man durchaus auch einem Kind näherbringen kann: Nur so viele Besitztümer anhäufen, wie Stauraum vorhanden ist. Spielzeug sollte man daher laufend weitergeben – an jüngere Geschwister, Freunde oder auch an Bedürftige. Kinder trennen sich gerne von Dingen und verschenken sie großzügig, wenn man ihnen erklärt, dass von nun an ein anderes Kind an dem Puzzle seine Freude hat.

Wir raten dazu, einmal im Monat gründlich gemeinsam aufzuräumen, um wieder den erwünschten Idealzustand des Zimmers herzustellen, wo wirklich alles optimal verstaut ist. Nur so lernt das Kind diesen Zustand kennen und weiß ihn irgendwann zu schätzen. Dass er sich schnell wieder verliert und das Kind nicht jeden Abend nach dem Spielen alles wieder abbauen und wegräumen will, ▶

▼ In diesen einfachen wie charmanten Tipis von Julica finden Bücher genauso Platz wie Spielfigürchen – manchmal sind die Übergänge zwischen Aufräumen und Spielen kaum erkennbar.

▶ Die Bank Harlequin von Cam Cam Copenhagen bietet im Kinderzimmer Platz für allerhand Spielzeug. Im Flur ist sie ein erprobter Platz zum Schuhe anziehen und aufbewahren.

ist nachvollziehbar. Aber eine gewisse Grundordnung, die einem erlaubt, wenigstens gefahrlos das Zimmer zu durchqueren, sollte abends erreicht werden.

Noch ein paar Worte zur Kleidung – ein Thema für sich. Bis Kinder lernen, sich selbst anzuziehen, sollte man ihre Kleidung unbedingt außer Reichweite der Kinderhände verstauen. Zu oft wird sie spontan zum Spielen rausgewühlt und verschwindet, beziehungsweise landet an Kuscheltieren und Puppen, sodass man sie garantiert nicht findet, wenn man sie gerade braucht. Mit einer „Kleiderordnung" sind die meisten Kinder lange überfordert – leider oft bis zum Beginn des Studiums; da können wir keine optimistischere Prognose geben. ●

▲ Schübe unter dem Bett und ein Metallschrank sorgen in diesem Zimmer für Ordnung. Der Vintage-Look ist zeitlos und wird leicht den Sprung vom Kinder- ins Jugendzimmer überstehen.

▶ Eine Zimmernische wurde hier zum offenen Kleiderschrank. Identische Bügel sorgen im bunten Kleiderreigen für ein einheitliches Bild.

▲ Platz gefunden! In dieser Altbauwohnung dient ein still gelegter Kamin als Bücherregal und Ausstellungsfläche für Autos, Superhelden und Co.

Oben rechts: Der Wickeltisch aus der Serie „Harlequin" von Cam Cam Copenhagen bietet in der Windelzeit Platz für alle Notwendigkeiten und ist in den Jahren danach eine schöne Kommode.

▶ Das starke Teppichmuster verlangt nach Ordnung. Die wird in diesem Zimmer durch eine geräumige Kommode und eine große Truhe spielend gewahrt.

⏩ Dieses Zimmer verliert trotz Ordnung nicht seinen charmanten Boho-Charakter. Spielzeug wird hier offen auf Flächer angeordnet oder verschwindet in Koffern oder Stubenwagen.

APRIL & MAY
Im Zauberwald

Mit seinem verwunschenen Ambiente erinnert dieses Kinderzimmer an einen Zauberwald. Tiere und Pflanzen – in mehr oder weniger abstrahierter Form – bevölkern den Raum. Das Mobiliar stammt komplett von IKEA. Bäume, Moos und Farne werden zu weichen Kissen, kuscheligen Decken und bemalten Holzkisten in verschiedenen Grüntönen. Das Bett verwandelt sich mit ein bisschen Fantasie in eine verzauberte Waldhütte. Neutrale, klare Flächen sorgen für eine beruhigende Stimmung und natürliche Materialien wie Holz, Stoff und Papier unterstreichen den skandinavischen Look. ●

ESPEN SURNEVIK

Familienleben

Der norwegische Architekt Espen Surnevik baute das familieneigene Haus von 1924 so um, dass seine drei Kinder sich überall entfalten können und sich nicht auf ein Kinderzimmer beschränken müssen. An das Wohnzimmersofa baute er einen Kindertisch an; in die Schrankwand sägte er einen Parkplatz für den Schichtholz-Flitzer seiner Kinder. Von der Decke hängen Turnringe, und im kombinierten Büro und Kinderzimmer türmt sich das Spielzeug neben den Aktenordnern der Eltern. Das Bett erstreckt sich als langer Diwan unter den deckenhohen Bücherregalen. Zu den oberen Regalfächern gelangt man, ganz wie in einer altehrwürdigen Bibliothek, mit einer Rollleiter. ●

JULICA

Fun-damental

Die Kindermöbel und Wohnaccessoires des jungen deutschen Designlabels Julica sind – dem eigenen hohen Anspruch gemäß – ästhetisch, funktional und individuell. Ein Blauwal bietet in seinem Maul und auf seinem Rücken gleich doppelt Platz für Bücher und Kuscheltiere. Die kleinen Holztipis von Tipikids bieten Platz für Bücher und Zeitschriften. Elefanten, Löwen und Nilpferde stehen als pastellfarbene Stühle von Zookids einträchtig um den Spieltisch, der im Handumdrehen zur uneinnehmbaren Festung wird. ●

MÜLLER MÖBELWERKSTÄTTEN

Kind und Maschine

Die Schreinerei Müller Möbelwerkstätten fertigt schon seit 1869 außergewöhnliche Entwürfe. Und dennoch – oder gerade deswegen? – tragen die Kindermöbel einen ultramodernen Look. Aus historischem Know-how, echtem Handwerk und CNC-Fräsen entstehen durchdachte und formschlanke Stücke. Das Bett Stacking wurde 1966 von Rolf Heide als Lounge-Liege entworfen. Dazu passt die cartoonhafte Möbelkollektion Plane mit dem kompakten Schreibtisch, dem nur aus Umrissen bestehenden Spielhaus und der Regalserie Boxit, deren Kanten kindgerecht rund geschliffen sind. ●

MÜLLER MÖBELWERKSTÄTTEN

ANNA LANDSTEDT

Nord- und Nachtlichter

Das Zimmer dieses kleinen Jungen lebt von hellen Farben und natürlichen Materialien wie Holz, Baumwolle und Bast. Bei Landstedt wird Spielzeug in geflochtenen Körben und stabilen Holzkisten verstaut. Die Garderobenleiste bietet Platz für Kleidung, Spielzeug und liebgewonnene Postkarten. Das Bett stammt vom schwedischen Hersteller Midnatt, Schreibtisch und Stuhl von Ferm Living aus Dänemark. Die Bücher stehen in umfunktionierten Gewürzregalen von IKEA. Und es wird noch skandinavischer: mit den Lackfarben von Nordsjö, dem dänischen Kleiderschrank und den Turnringen des finnischen Herstellers Lillagunga. ●

ANNA LANDSTEDT
… und Action!

Bühne frei für kleine Superhelden! Wie im Backstage-Bereich eines Theaters hängen bunte Kostüme ordentlich auf einer Kleiderstange, hier von IKEA. Masken, Bücher und kleine Kuriositäten lockern den modern-minimalistischen Charakter des Zimmers farbenfroh auf. Herzstück des skandinavischen Vintage-Mobiliars ist der Karlekammerskab in Salbeigrün – ein typischer Wäscheschrank. Als filigrane Gegenstücke dienen ein leichter Bastkorb, fließende Baumwollstoffe und helles Holz. Die Ringe des finnischen Herstellers Lillagunga fordern kleine Batmans zum Turnen auf. ●

OLIVER FURNITURE

Die Form folgt der Funktion

Nicht mehr und nicht weniger als „die Summe seiner Teile". Die dänische Marke Oliver Furniture macht sich die Schönheit der Dinge zu eigen, die die Natur und der Mensch hervorbringen. Die skandinavische Tradition der Holzbearbeitung zeigt sich an Möbeln, die ganz klassisch gearbeitet und trotzdem absolut modern sind: Olivers Kleiderstangen verschwinden hinter großen Kleidungsstücken, die in keinen Garderobenschrank passen. Die weiß lackierten Kleiderschränke sind durch und durch nordisch – mit abgerundeten Ecken, unsichtbaren Verschraubungen, fest eingebauten Haken und flexiblen Regalsystemen. Universalmöbel, die sich überall harmonisch einfügen. ●

OLIVER FURNITURE

PERLUDI

Konstrukti-visten-Kids

Der österreichische Möbelhersteller perludi lässt ganz normale Aktivitäten zum Spiel werden. Seine unverwüstlichen Multitasking-Möbel sind eine Kreuzung aus Donald Judd und Lincoln-Logs-Bauklötzen, die mit Birkensperrholz, Primärfarben, Lodenstoff und klaren geometrischen Linien arbeitet. Das Einzelbett OTTOintheMOON lässt sich zur Sitzbank umklappen. Pauli ist ein vielseitig wandelbares Regal-, Sitz- und Spielmöbel. MAXintheBOX wurde gemeinsam mit Kindern entwickelt – eine mitwachsende Tisch-Sessel-Kombination, die im Nu zum Lebensmittelladen, Buchregal oder Nachttisch wird. Das Hoch- oder Stockbett AMBERintheSKY lässt sich nach Belieben zusammenklappen; die Sperrholzelemente sind weder verklebt noch verdübelt. ●

Hoch hinaus

Das Modell aus skandinavischer Eiche von Oliver Furniture ist in vier Varianten verfügbar und verwandelt sich auf Wunsch in zwei Einzelbetten. Das Geländer, das sich optisch angenehm zurückhält, sorgt für die Sicherheit der kleinen Träumer. Umso prominenter leuchtet die gepunktete Bettwäsche zwischen den Holzstäben hervor. Anstatt das Zimmer zu dominieren, unterstreicht das Bett gelungen dessen leichten und luftigen Charakter. ●

Be happy my baby.

LOIS MORENO

IKEA

Spielen, werkeln, aufräumen

Wenn die Einrichtung des Kinderzimmers so natürlich und gesund sein soll wie die Ernährung, ist die Serie Flisat von IKEA eine gute Option. Das Besondere an den schnörkellosen Möbeln für 3- bis 12-Jährige ist ihre intensive Materialität. Das Kiefernholz ist so zurückhaltend bearbeitet, dass die Maserung besonders schön zur Geltung kommt. Wandhaken und Aufbewahrungskisten sorgen für helle und kräftige Farbtupfer. Die Flisat-Produkte sind individuell anpassbare Multifunktionsmöbel: Der Tisch lässt sich in drei Höhen verstellen, und wenn Ihr Kind dem Puppenalter entwachsen ist, wird das Puppenhaus zum Wandregal. ●

IKEA

Die Spielzonen

Auf dem Hochbett, auf dem Teppich – überall

▲ Kinder sind eifrige Häuslebauer: Dieses Gerüst von den Müller Möbelwerkstätten ist ein idealer Rückzugsort und wird mit Decken zu einer Spielhöhle.

◀ Jedes Kind liebt schaukeln – Schaukeltiere gibt es in den unterschiedlichsten Formen und Farben. Dieser Elch von IKEA macht aus dem Kleinsten einen Schwedenfan.

◀◀ Auf wenigen Quadratmetern wird hier geschlafen, gearbeitet, geboxt und auf der gepolsterten Fensterbank entspannt.

Wohnen auf kleinem Raum ist für Kinder der Normalzustand. Aktivitäten, die sich später auf mehrere Räume verteilen (Schlafen, Essen, Arbeiten und Entspannen), finden in der Kindheit – bis auf (hoffentlich) das Essen – im Kinderzimmer statt. Um all dies in einem Raum zu ermöglichen, raten wir Eltern zu einer durchdachten Raumteilung, die jedem Vorgang ihren Platz zuweist. Dass sich diese Zuordnungen im Alltag aufweichen, ist selbstverständlich. Sie helfen aber, für eine gewisse ▶

Jede kindliche Aktivität braucht ihren designierten Platz.

▼ Grundordnung zu sorgen, die Ihnen und dem Kind guttut.

Zum festen Mobiliar gehören ein Bett, ein Tisch mit Stuhl und Stauraum für Kleidung und Spielsachen. Es ist schön, wenn die Feuerwache im Regal einen Stammplatz hat, die Kuscheltiere immer in einem dekorativen Korb nächtigen und die Bücher in Kisten oder einem Bücherregal stehen. Noch schöner aber ist es, wenn Ihr Kind damit spielt! Und dafür braucht es Platz. Damit sagen wir nicht, dass Ihr Kind ein großes Zimmer haben muss – was übrigens auch bei keinem unserer eigenen Kinder der Fall ist. Wir sagen nur, dass kindliche Aktivitäten designierte Bereiche brauchen, mögen sie noch so überschaubar sein.

Ihr Kind liest gerne? Gratulation! Dann ist ein kleines Sofa, ein einladender Sessel oder auch nur ein Kissenstapel in der Nähe des Bücherregals genau das Richtige für den angehenden Bildungsbürger. Mit einer ausreichend hellen (aber nicht grellen!) Beleuchtung inszenieren Sie diesen Bereich als magischen Ort. Wenn dafür kein Platz ist, wird die Leseecke direkt auf dem Bett eingerichtet. Dabei ▶

◀ Kinderleben im XS-Format: Das Bett Archipel von jundado ist Schlafplatz, Höhle, Spielfläche und Stauraum in einem. Die verschiedenen Elemente lassen sich mit Gurten, die durch die Grifflöcher geführt und mit Klettbändern fixiert werden, unterschiedlich miteinander verbinden.

Links oben: Dieser Schreibtisch aus Birkensperrholz mit Aufsatz von Torafu Architects macht jede Laune mit und ist mal Bühne, mal Puppenhaus und – wenn der Ernst des Lebens beginnt – der perfekte Platz für Hausaufgaben.

▲ Kinderleben im XL-Format: Hier hat jede Aktivität seinen (großzügigen) Platz. Die Einbauten in Kojen-Optik, die Hängematte und das große Kissen am Boden bringen in diesem luftigen Raum die nötige Behaglichkeit.

empfehlen wir, die Decken und Kissen tagsüber zu verstauen, damit Ihr Kind am Abend auch dann ein Gefühl des Zu-Bett-Gehens hat, wenn es schon am Tag viel Zeit darin verbracht hat.

Und wenn ihr Kind ein Baumeister ist, geben Sie ihm ausreichend freie Oberflächen, damit sich seine bunte Fantasiewelt ungehindert ausbreiten kann. Ob es sich dabei um eine geräumige Zimmermitte handelt oder um ein kompaktes Regalfach, in dem ein Zoo oder eine Puppenstube entstehen, ist für den Spaß daran zweitrangig.

Wer das Ganze einen Zahn raffinierter gestalten möchte, greift in die Zirkuskiste: ein Trapez im Türsturz, Ringe in der Zimmermitte oder eine Sprossenwand ▶

◀ Alles fein: Das Kinderbett wird mit einer Kissenflut am Tag zum Lesenest, der runde Teppich lädt zum Lümmeln ein und die Regalfächer sind in Kinderhöhe klar strukturiert und gut erreichbar.

▶ Das Puppenhaus von Torafu Architects ist ein wahrer Alleskönner: Aufgeklappt eine kleine Welt für Puppen und andere Figuren, bietet es zugeklappt Stauraum und dient als Stuhl.

◀ Für ganz Aktive: Mindestens zwei Quadratmeter sollte man für eine Boulderwand im Kinderzimmer einplanen – der Spaß ist für Klein (und Groß) unermesslich.

▶ Klettern und Rutschen sind auf dem Spielplatz absolute Spaßklassiker – umso besser, wenn dafür auch genug Raum im Kinderzimmer ist.

▼ (besonders schön sind Vintagestücke aus Holz) verkürzen bewegungshungrigen Kindern jeden regnerischen Nachmittag. Der besondere Vorteil dieser Geräte: Sie brauchen nur wenig Raum.

Wenn an Platz kein Mangel ist, lohnt es sich, bei Pinterest mal die Suchbegriffe „Hochbett" und „Rutsche" einzugeben. Von, zugegeben, hübsch-hässlich bis phänomenal-fantasievoll ist hier alles dabei. Egal, für welche Variante sich Ihr Kind entscheidet: Die Stunden, die man in seinem Zimmer kletternd, springend und rutschend verbringt – ob alleine, mit Freunden oder Geschwistern – vergisst man nicht. Das geht uns schließlich genauso. ●

▲ Die Serie ZooKids aus Birkenschichtholz von Julica bietet Platz für viele Freunde. In den Hockern gibt es extra Stauraum, der Tisch ist zugleich eine Höhle und kann in Zimmern der Erwachsenen als Rückzugsraum dienen.

◀ Der Klassiker unter den Spielzonen ist der Raum unter einem Hochbett. Hier wird der Bereich durch eine Kommode und Körbe ordentlich gehalten. Pfadfinderflair kommt durch den selbst gebauten Baum daher.

▶ Filzsteine sind nicht nur tolle Kulissen für so manches Abenteuer sondern auch prima Sitzgelegenheiten.

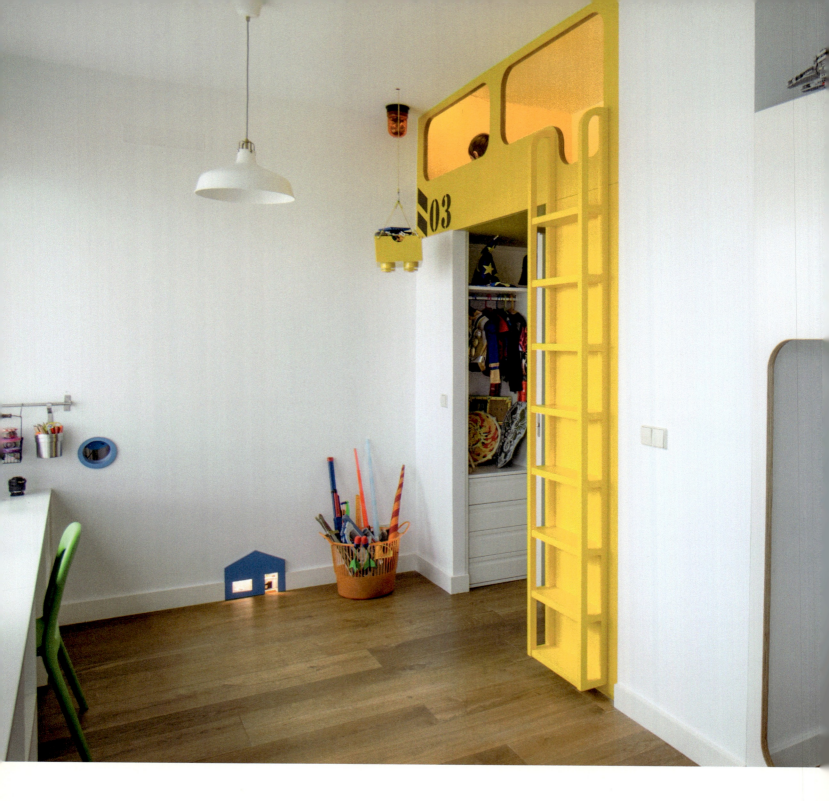

PLAYOFFICE

Kleine Baumeister

Das gemeinsame Kinderzimmer von Max, Leon und Tristan macht Lust aufs Spielen und Werkeln. Playoffice hat die Raumgestaltung genau auf die Lieblingsbeschäftigungen der drei jungen Bewohner zugeschnitten. Jeder findet seine persönlichen Vorlieben in „seinem" Zimmerbereich wieder und wird zu Höhenflügen aller Art angeregt. Besonders einladend sind die drei Spielemporen – der knallgelbe Baukran, die Leseecke und die LEGO-Zone. In der Arbeitsnische wartet ein Tisch mit Werkzeug und Bastelmaterial. Darunter findet sich in einem begehbaren Schrank alles, was man zum Verkleiden braucht. Auf Bodenhöhe ist ein Häuschen in die Wand eingelassen, das nachts beleuchtet ist. Hier wohnt die aus dem Kino bekannte „Zahnmaus" Herr Figo. ●

PAMELA POMPLITZ

Für immer Ferien

Stylistin Pamela Pomplitz hat ihr ehemaliges Büro in ein genderneutrales Kinderzimmer für ihren Sohn verwandelt. Vor der Fototapete mit Alpenpanorama „wächst" eine echte Birke. Auch im kleinen Alkoven leuchten die Berge des Motivs Mountain Morning von Uppsala Fototapet. Eine kleine Modellseilbahn schickt geheime Wünsche in den Himmel. Wimpelgirlanden, rustikale Garderobenhaken und traditionell bestickte Kissen ergänzen den alpinen Look. Verschiedene Blautöne zitieren den azurblauen Berghimmel. ●

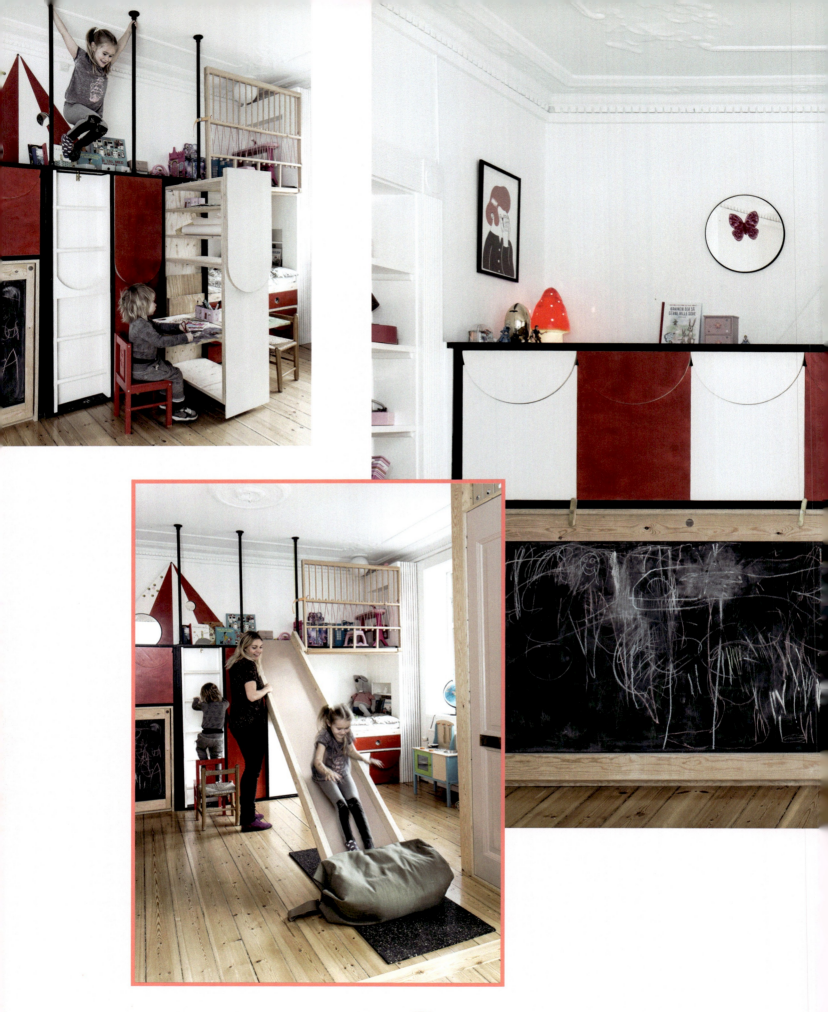

NIKOLINE DYRUP CARLSEN & SVEND JACOB PEDERSEN

Multifunktionseinrichtung

Die Rechnung ist einfach: Mehr Stauraum bedeutet mehr Platz zum Spielen. Ihre Kopenhagener Wohnung haben die Fernsehmoderatoren und Designer Nikoline Dyrup Carlsen und Svend Jacob Pedersen so flexibel wie stilsicher gestaltet. Variabel passt sich das Mobiliar aktuellen Bedürfnissen an. Der Flur dient gleichzeitig als Schrank. Betten und Schreibtische verschwinden mit einem Handgriff an der Wand. Mit Kletterwand und Rutsche ist das Kinderzimmer zugleich Schlafstatt und Spielparadies. Im rot-weißen Einbauschrank verstecken sich Kleidung, Spielzeug und mehr. ●

THIS MODERN LIFE

Full House

Pinterest, Instagram und verschiedene Designblogs inspirierten Suzanne Harmar zu diesem verspielten Etagenbett für ihre Kinder Sammuel und Dixie. Die Fassade des kleinen Hauses besteht aus einer handgesägten MDF-Platte, die Harmar an ein fertiges Bettgestell von IKEA montierte. Ein weiterer IKEA-Hack ist die Treppe aus Küchenschränken. Als Nachtlicht dient ein LED-Streifen. Weißer Passivierungslack neutralisiert die Chemikalien in der MDF-Platte. Hübsche Haken, Bettwäsche der schwedischen Marke Färg & Form, Wandtaschen von Normann Copenhagen und weiche Kissen setzen willkommene Farbtupfer. ●

Kleine Workaholics

Kunstwerke, Hausaufgaben, Konzentration erlernen

Laptop, Fotos, Stifteetuis, Zeitungen, die obligatorische Kaffeetasse, sonstige fetischisierte Objekte: Erwachsenenschreibtische fallen oft durch eine gewisse Dichte auf und dadurch, dass sich darauf die multiplen Paralleltätigkeiten des Besitzers wie ein Tableau ausbreiten.

Kinder sind mit Multitasking zwar noch überfordert, erledigen aber trotzdem viele unterschiedliche Dinge an ihren Tischen. Sie brauchen daher einen möglichst leeren Arbeitsplatz, an dem sie lernen können, sich auf eine ▶

▲ Auch zu Hause schön: Es gibt inzwischen einen großen Bestand an Vintage-Schulmobiliar. Oft verbirgt sich unter der Tischplatte zusätzlicher Stauraum für Hefte und Stifte.

▶ Platz nutzen! Nicht nur in der Stadt, wo der Wohnraum immer knapper wird, bietet es sich an, eine Dachschräge oder Nische mit wenigen Mitteln zum Arbeitsplatz umzufunktionieren.

▶▶ Ein an der Wand befestigter Klapptisch, nimmt kaum Raum ein. Das Gleiche gilt für die Bildergalerie an einem einfachen Draht: Hier können Bilder trocknen und regelmäßig durch neue ersetzt werden. Kinder lieben es, ihre Werke aufzuhängen!

▲ Auf dieser alten Schulbank finden sogar zwei Kinder Platz. Achtung: Immer ausreichend Kisten in der Nähe haben, damit die Kinder ihre Siebensachen nach getaner Arbeit selbst wieder aufräumen können.

▶ Der türkise Schreibtisch passt perfekt zur rosa Wandfarbe. Eine Pinnwand über dem Schreibtisch bietet Platz für Zeichnungen und Nachrichten von Freundinnen.

▼ Sache zu konzentrieren. So sind sie garantiert besser gewappnet für die Anforderungen in der Schule und im Berufsleben.

Neben einer freien Oberfläche sind leicht zugängliche Fächer für Arbeitsmaterialien wichtig. Es gibt zahlreiche Kindertische auf dem Markt – von preiswerten, aber durchaus hübschen IKEA-Modellen über Vintage-Stücke bis zum mitwachsenden Schreibtischklassiker von Egon Eiermann (zu beziehen über Richard Lampert) mit praktischem Rollwagen und orthopädisch geprüftem, ebenfalls verstellbarem Stuhl.

Wenn die Füße flach auf dem Boden stehen können und das Kind bei geradem Rücken die Ellenbogen so auf die Tischplatte legen kann, dass Ober- und Unterarme ungefähr einen rechten Winkel bilden, dann passt der Stuhl.

Neben der geeigneten Beleuchtung (bei Rechtshändern von links, bei Linkshändern von rechts) ist die Standortfrage entscheidend. Auch in Nischen oder an freien Stellen über Heizungen und am Fenster können durch einfache Einbauten wie ein fest montiertes Brett Arbeitsflächen entstehen. Da Kinder gerne gemeinsam werkeln, kann man so auch Geschwister oder Freunde an einem etwas längeren Brett problemlos nebeneinandersetzen.

▲ Die Playstation: An einem so großen Tisch kann wunderbar gemeinsam gebastelt, geschrieben und gegessen werden. Wer genug Platz hat, sorgt mit einer solchen Tafelrunde garantiert für stundenlanges kreatives Treiben.

◀ Ideal für den Schuleinstieg: Dieser Sekretär namens Cobrina von Torafu Architects entstand in Zusammenarbeit mit Hida Sangyo, einem japanischen Möbelhersteller. Das Stausystem hilft, sich zu organisieren. Die Fächer können eigenständig bestückt werden, was Kindern großen Spaß macht.

Für begrenzten Raum empfehlen wir Klappschreibtische (zum Beispiel von den Müller Möbelwerkstätten). Diese können auch in einem Erwachsenenraum wie dem Wohnzimmer untergebracht und nach getaner Arbeit einfach wieder zugeklappt werden.

Da Kinder es lieben, auf dem Boden sitzend in für Erwachsene unverständlichen Haltungen stundenlang zu schnippeln, zu kneten oder zu malen, werden sie sicher, ▶

▲ Wandskulptur des Lieblingstiers: Dieses Modell von Lago birgt zahlreiche Ablagefächer sowie eine Arbeitsfläche. Auch eine Leuchte lässt sich ideal platzieren. Für Rechtshänder kommt das Licht am besten von links und umgekehrt.

◀ Vintage-Wonderland – Eltern lieben nostalgisches Holzspielzeug besonders. An diesem Tisch kann ein Kleinkind sich ein paar Stunden lang kreativ austoben.

▶ Die moderne Variante ist genauso praktisch: Auch hier verschwinden Stifte und Co. schnell unter der Platte.

▼ trotz noch so schöner Schreibtischecke, gelegentlich mit ihren Siebensachen auf dem Boden landen. Auch hier helfen ein paar einfache Regeln: Hausaufgaben und Kleckersachen wie Kneten oder Malen mit Wasserfarben sollten am Tisch erledigt werden, einfache Bastelarbeiten oder Brettspiele können auch mal auf dem Boden stattfinden. Aber aufgepasst: Gebücktes Werkeln schadet auf Dauer der noch wachsenden Wirbelsäule. Und für die Augen ist die Arbeit am Boden wegen der meist schlechten Lichtsituation ebenfalls nicht optimal. Ob am Boden oder am Tisch: Das Wichtigste ist, dass man den Kindern beibringt, nach getaner Arbeit wieder aufzuräumen. ●

▶ Dieser Einbeiner ist die ideale Eckbesetzung. Er wird an der Wand befestigt und reicht auch mal für zwei Kinder.

▼ Der Raum am Fenster und über der Heizung wird hier durch eine maßgefertigte Schreinerlösung optimal genutzt und ist mit Fächern, Arbeitsplatte und Stauraum bestens ausgestattet. Die lange Bank macht auch kleine Arbeitsgruppen möglich.

◀ Vintage-Möbel im Industriestil: Dieser schmale Tisch wird hier eher zur schicken Konsole, auf der Schätze zur Schau gestellt werden. Räumt man sie zur Seite, kann daran auch gearbeitet werden.

Unten links: Klappe zu – der Tisch von den Müller Möbelwerkstätten hat ein integriertes Licht und Arbeitsfächer. Der Stuhl ist höhenverstellbar und wächst mit. Das macht ihn orthopädisch besonders wertvoll.

▶ Die Flurlösung: So schön inszeniert stört ein kleiner Kindertisch, wie dieses Modell von Ferm Living, auch in einer Durchgangszone nicht. Kinder, die in ihrem Zimmer durch die vorhandenen Spielsachen schnell abgelenkt sind, können sich anderswo oft besser auf Hausaufgaben konzentrieren.

▼ Maßgeschneidert erfüllt diese Tischvariante gleich mehrere Anforderungen. Sie begrenzt den Raum zum Sofa, dient zur Lagerung von Kaminholz und bietet Platz für die ersten Schreibübungen des Nachwuchses.

PURE POSITION

Wächst mit

So wie das mitwachsende Bett basiert auch der dreiteilige Tisch von Pure Position auf dem Grundgedanken, dass sich die Wohnwelt eines Kindes seinen Wachstumsphasen anpassen sollte. Die Tisch-, Stuhl- und Bankbeine lassen sich mit einem einfachen Schraubsystem in vier Höhen verstellen. Auf dem 24 mm dicken Tisch aus hellem Birkensperrholz mit abriebfester Beschichtung gibt es bewegliche Ablagen und Behälter für Stifte, Bücher und anderes. In den Rollenhalter an der linken Seite kann man eine Rolle mit Papier einlegen, das quer über die Tischfläche ausgerollt wird – und schon kann das Kind den Tisch allein oder zu zweit als Aktionsfläche für lauter Ideen nutzen. ●

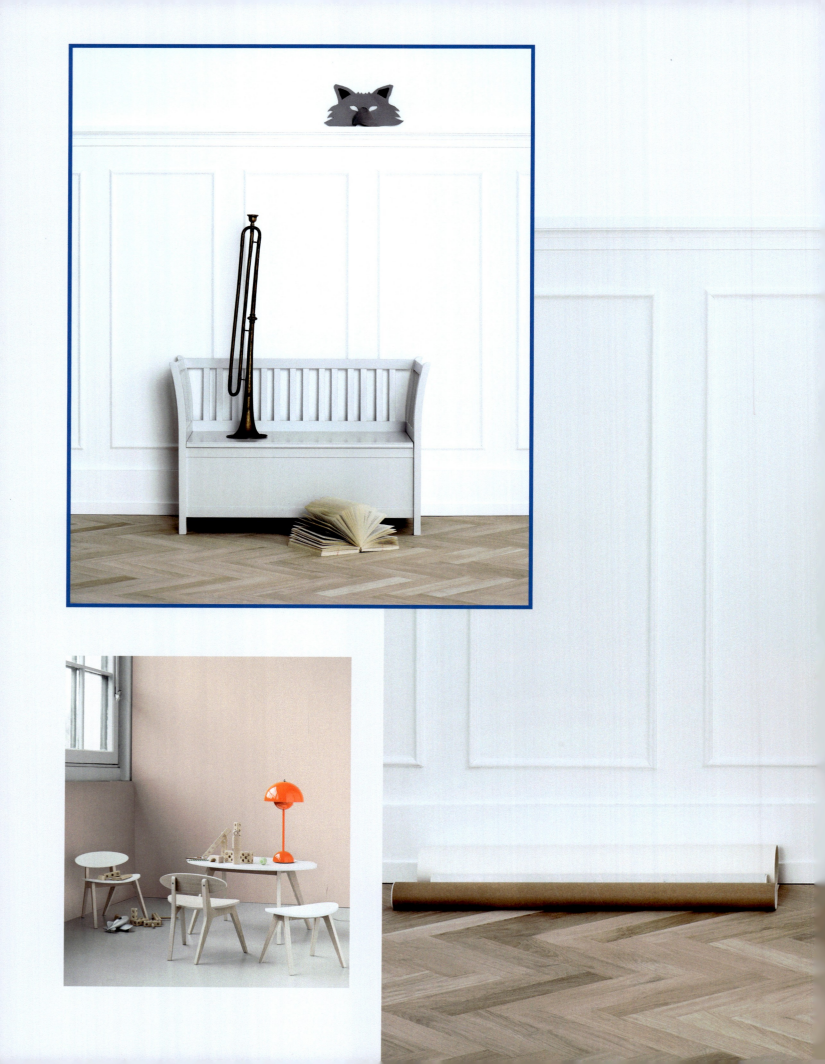

OLIVER FURNITURE
Der Grashüpfer

Oliver Furniture denkt bei seinen Produkten an „sorglose Sommertage unter weitem blauem Himmel, Wellen, die an die Küste branden, Echos in kühlen grünen Wäldern und behaglich verbrachte Zeit mit Familie und Freunden." Mit klaren Linien, runden und robusten Formen und feinen Details mit dem Blick fürs Praktische erhebt der dänische Möbelbauer die Einfachheit zum ästhetischen Prinzip. Der Arbeitstisch bietet großzügige Staumöglichkeiten, und mit den Kinderbeinen werden auch die Tischbeine länger. Die Bank hält unter der Sitzfläche verblüffend viel Platz zum Aufbewahren bereit. Sie macht nicht nur im Kinderzimmer, sondern auch in der Diele oder im Wohnzimmer eine gute Figur und harmoniert mit fast jedem Produkt von Oliver oder anderen Herstellern. ●

AVENUE DESIGN STUDIO

Alles Liebe, Lola

Lolas Zimmer wurde mit einer großen Portion Liebe gestaltet. Die Designerinnen Holly Marder und Hedda Pier vom Avenue Design Studio tauschten den Fußboden aus und strichen das Zimmer weiß. Als zweite Farbe kam Light Blue von Farrow & Ball hinzu, das eine helle, luftige und beruhigende Stimmung schafft. Das Secondhand-Bett wurde abgeschliffen und mittels Rolle und Schwamm mit Heizkörperlack gestrichen. Für Farbe sorgen die persönlichen Gegenstände und Vintage-Accessoires: An der Wand wird ein roter Petticoat wie ein Gemälde ausgestellt; die farbenfrohen Dreiecke des Zottelteppichs finden sich im perlenbesetzten Korb aus Afrika wieder, der auf Lolas platzsparendem Wandtisch steht. An Wäscheklammern auf einer Leine hängen Lolas Fingermalereien – und nicht vergessen sei die Bommelgirlande an der Wand. ●

JUSTINE GLANFIELD

Schnitzeljagd

Als versierte Kunsttischlerin und Designerin für Lacoste und Cotton & Milk hat es sich Justine Glanfield nicht nehmen lassen, das Zimmer ihres Sohnes Oscar selbst zu gestalten. Zu den liebsten Flohmarktfunden der stolzen Mama gehören ein Spielparkhaus und ein Puppentheater aus den 1950er-Jahren. Oscars schicke Klamotten präsentiert Glanfield dekorativ an der Wand. Ein ungenutzter Kamin dient als Bücherregal. Die Kissen sind aus Vorhangstoff genäht, ein Leinentischtuch dient hingegen als Vorhang. ●

TORAFU ARCHITECTS

Japanischer Schick

Das japanische Studio Torafu baut Kindermöbel mit cleveren Konstruktionsideen. Kol ist im geöffneten Zustand ein Puppenhaus oder ein Bücherregal und wird zum Stuhl, wenn man es zuklappt. Der Tisch Koloro erinnert an ein Vogelhäuschen oder eine kleine Marionettenbühne und ist zugleich eine mobile und personalisierbare Arbeitsstätte. In den Tischen der Serie Cobrina mit ihren geschmeidig abgerundeten Kanten verbergen sich ungeahnte Staumöglichkeiten. Der Tisch Dice dient je nach Positionierung als Erwachsenenhocker oder als Bücherregal. Da die Kanten und Flächen verschiedenfarbig lackiert sind, wechselt Dice mit der Funktion jedes Mal auch sein Erscheinungsbild. ●

Freiräume

Der Inhaber des Onlineshops Yellow Flamingo hat dieses helle Kinderzimmer für seine Tochter Victoire entworfen. Eine zartrosa Bettdecke legt einen Farbschleier über das dominierende Weiß. Der untere Teil der Wand hinter dem kleinen Schreibtisch ist in Meergrün gestrichen. Neben dem Bett hängt die schlichte Wandleuchte Matt von Ilot Ilov. Neben zwei einfachen kleinen Regalen bietet das Zimmer viel freien Raum zum Spielen, Träumen, Nachdenken und Gedanken fliegen lassen. ●

AFILII/RICHARD LAMPERT

Nachhaltig gut gestaltet

Sie wollen das Zimmer Ihres Kindes so gestalten, dass es seine Spielflächen und Möbel gerne benutzt? afilii bietet ein großes Sortiment an Naturmöbeln von internationalen Designern und Labels wie caSieliving, De Breuyn und Fnurst an. Ihre Kreationen sind minimalistisch und mühelos adaptierbar. Sie fördern Kreativität, Eigenständigkeit und schulen die Motorik. Dazu gehören das langlebige und mitwachsende Bett Lumy von Ekomia, die Montessori-inspirierte Kollektion von coclico, handgefertigte Möbel von PRINZENKINDER oder die modulare Serie Archipel von jundado mit ihren multifunktionalen Spielinseln. ●

OYOY

Ein Herz für Tiere

Seit 2012 schöpft das dänische Möbellabel OYOY aus verschiedensten Inspirationsquellen: Skandinavische Klarheit, japanische Raffinesse und indianische Muster der Hopi beeinflussen die Designs genauso wie Kindheitserinnerungen, Reisen und Landschaften. Tiermotive finden sich auf Kissen aus Bio-Baumwolle, in stilisierten Mustern und als Wanddekor. Ein cleverer Trick: Das Löwenbild ist eigentlich ein gerahmtes Geschirrtuch. Für besonders hohen Kuschelfaktor sorgen Plüschgiraffen, Stoffmobiles und Kissen. ●

FERMLIVING

Musterhaft

Die Entwürfe von ferm LIVING reichen von Accessoires wie Leuchten in Kaktusform, maritimen Stofftieren und Stillkissen bis hin zu GOTS-zertifizierter Bettwäsche. Der Sitzsack, das Federmäppchen und der Sportbeutel mit Terrazzoprint gefallen Kids und Eltern gleichermaßen. Tropenmotive schmücken Strickkissen, Rasseln, Mobiles und Tapeten, zu denen es den passenden Tapetenkleister gibt. Die Möbelkollektion umfasst Stühle, Tische, Bänke und Hocker und ist bunt kombinier- und erweiterbar. ●

FERMLIVING

FERMLIVING

Das Nachtleben

Einschlafen, Durchschlafen, Co-Sleeping

Schlafen ist in der Kindheit ein großes Thema. Einen Schlafrhythmus finden, allein einschlafen lernen, die Angst vor der Dunkelheit überwinden. Viele Familien pflegen Einschlafrituale: Es werden Lieder gesungen, Geschichten vorgelesen – und dann wird natürlich zum nächtlichen Abschied gekuschelt.

Doch bis das Kind in seinem Kinderzimmer im eigenen Bett einschläft und dort auch tatsächlich durchschläft, vergehen oft Jahre. Dieser Ablöseprozess wird in der Regel von Phasen im Elternbett unterbrochen – ob in der Stillphase oder später wegen Albträumen oder diversen Wehwehchen. In manchen Familien wird sogar bewusst Co-Sleeping praktiziert, wo Eltern und Kinder gemeinsam in einem großen Familienbett schlafen oder auf unterschiedliche Bettstätten verteilt in einem Raum – wie Bauernfamilien im Mittelalter. Wir wollen hier kein spezielles Schlafmodell bewerben. Solange alle Familienmitglieder ausreichend Schlaf finden und somit tagsüber ausgeglichen sind, ist erlaubt, was für alle passt.

Damit Kinder sich in ihrem eigenen Bett wohlfühlen, sollte man eine behagliche Atmosphäre schaffen. Die kann durch einfache Zutaten wie weiche Textilien (schöne Bettwäsche, ▶

◀ Rollende Träume: Diese Holzbett von Perludi eignet sich gut, um es von einem in den anderen Raum zu fahren. Kinderfreundlich sind die weichen Außenwände aus Filz.

▶ Das Kinderbett uuio VII zelebriert das schlichte Design der 1950er-Jahre. Durch austauschbare Rahmenteile wächst es wortwörtlich mit.

◀◀ Klettern, Springen, Schlafen: Die Bettenkombination R&R von RaFa-kids, bestehend aus Hoch- und Einzelbett mit Rädern lädt zu vielen Aktivitäten ein und passt mit seinem hellen Holz zu vielen Einrichtungsstilen.

◀ Im Bettchen wiegen, Stillen und Schlafliedersingen wechseln sich oft ab, daher tut man sich mit einem Sessel in der Nähe eine Krippe selbst einen Gefallen.

▼ Kinder können bei diesem selbst geschweißten Bett mit Dach allerlei Dinge an die Stangen hängen – vor allem aber sich an der Vorstellung erfreuen, ein eigenes Haus für sich zu haben.

Hausaufgaben machen – das alles geschieht ja dann meist in der Horizontalen.

Die meisten Kinder wünschen sich irgendwann eine abenteuerliche Schlafstätte – die es inzwischen natürlich bei diversen Herstellern gibt: zum Beispiel als Baumhausbett (etwa von Mathy by Bols), als Autobett (von Vipack) oder Hängezelt (von Haba). Wer eine solche Investition scheut, kann sich anders behelfen: Ein normales Einzelbett lässt sich mit einem Vorhang zum Himmelbett umrüsten, eine große Piratenflagge ▶

▼ etwa von Georg Jensen Damask) entstehen, durch freundliche Farben und ein Kopfende, das an der Zimmerwand steht. Wir raten nach der Krippe zu einfachen Betten, die mitwachsen – also vom Gitterbett irgendwann zum Kinderbett werden (etwa von Laurette oder IKEA).

Beizeiten ermutigen wir Eltern dann dazu – wenn es die Raumgröße zulässt –, direkt ein Bett im Erwachsenenformat anzuschaffen. Erstens finden Kinder das toll, zweitens passt auch mal ein kleiner Übernachtungsgast mit hinein, und drittens kann das Kinderzimmer bei Bedarf zum Gästezimmer umfunktioniert werden – in Großstadtwohnungen, wo Familien oft auf begrenztem Raum leben, ist das eine sehr praktikable Lösung, sofern kein separates Gästezimmer zur Verfügung steht. Zudem ist gerade für Teenager ein großes Bett wichtig, denn essen, am Handy spielen,

▼ macht daraus ein Piratenschiff. Kleine Übernachtungsgäste lieben es, wenn sie ein Schlafszenario nach dem Zwillingsprinzip vorfinden. Das heißt: zweimal die gleiche Bettwäsche, für jedes Kind ein Kuscheltier auf dem Kopfkissen und, wenn es der Raum zulässt, zwei Nachttischchen mit Leuchte und Wasserglas. Mit ein paar Handgriffen gibt man dem Besuchskind so das Gefühl, es ist willkommen und hilft ihm über eventuelles Heimweh hinweg. ●

▲ Mit Baumwolldecken in sanften Pastelltönen bringt Rose in April einen Hauch träumerischer Poesie ins Kinderschlafzimmer.

Die meisten Kinder wünschen sich eine abenteuerliche Schlafstätte.

◀ Eine schaukelnde Schreinerleistung für die ganz Kleinen ist diese Holzwiege.

▲ Hauptsache nicht gewöhnlich: Eine behagliche Nische zum Träumen wurde hier unter eine Dachschräge gebaut. Drunter gibt es viel Stauraum für Spielzeug.

Links oben: Ob für Kuscheltiere oder Übernachtungsgäste – diese Betten passen in jede Ecke.

▲ Dieses zweistöckige Hausbett ist selbst gebaut und bietet allerlei Raum zum Spielen, Klettern und Verstecken. Unter der Treppe ist der Raum perfekt zum Verstauen genutzt.

◀ In diesem coolen Anhänger gibt es Ablageflächen, eine Tür zum Schließen und sogar eine Schiebedach Fehlt nur noch der Campingplatz und der Sternenhimmel.

▶ Co-Sleeping, Kopf an Kopf: Ein gutes Gefühl, wenn man den Atem des anderen hören kann, bringt diese Lösung für aneinanderhängende Geschwisterkinder.

▼ UFO mit Screen: Eine Bettlandschaft, die bestimmt auch noch ältere Kinder glücklich macht ist dieses Ufo, auf dem gespielt werden kann und das große gemütlich Bett darunter mit eigenem TV.

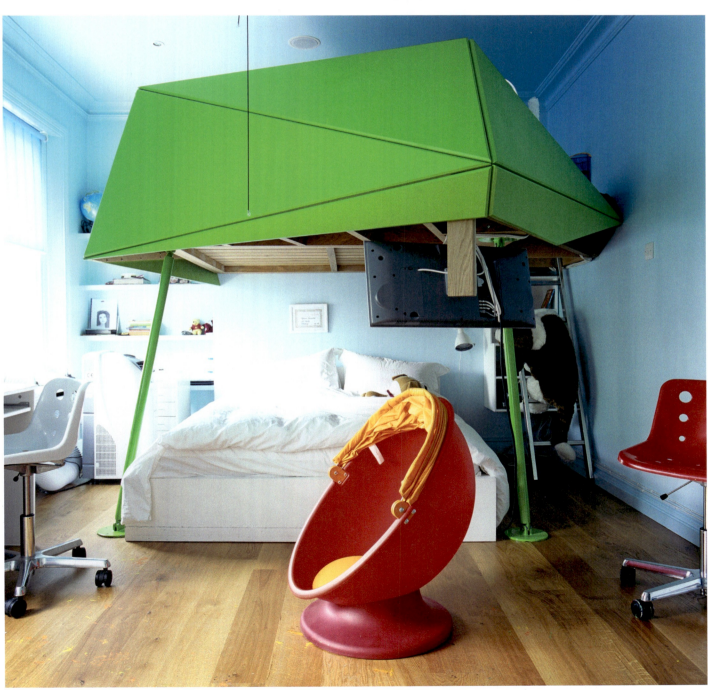

▲ Nostalgie im Kinderzimmer: Besonders Mädchen lieben Baldachine, Vorhänge, Zelte. Hier ein gelungener Muster- und Stoffmix, der mit den dunklen Farben viel Gemütlichkeit verbreitet.

▶ Üppig drappierter Baldachin, dekorative Hasenleuchten, Nachttische rechts und links: Diese Luxusvariante des kindlichen Schlafens erreicht die kuschlige Formalität eines Hotels.

◀ Luftiges Weiß steht auch Kinderzimmern. Dieses Einzelbett in einer Nische vor dem Fenster lässt auch noch anderem Mobiliar Platz, wie einem Handtuchhalter und einem Stuhl.

JÄLL & TOFTA

Hoch hinaus im Holzhaus

Auf den lediglich 17 Quadratmetern dieses Kinderzimmers zaubern Jäll & Tofta ein vielseitiges Spiel- und Lernparadies, in dem auch zwei Kinder bequem Platz finden. Das Etagenbett nutzt die komplette Raumhöhe und dient gleichzeitig als Versteck. Am zimmerbreiten Schreibtisch machen sogar Hausaufgaben Spaß. Unter der Treppe ist viel Stauraum für Bücher und Spielzeug. Helles Sperrholzmobiliar und der weißgetünchte Holzboden lassen das Zimmer zusätzlich größer erscheinen. ●

JÄLL & TOFTA

Platz für zwei

Dieses Schlafzimmer teilt sich Caspar mit seiner kleinen Schwester. Um den Raum effizient zu nutzen, hat das deutsche Studio Jäll & Tofta ein Hochbett aus geöltem Kiefernsperrholz konstruiert, das sich von der gelben Wand weiß abhebt. Es bietet Schlafmöglichkeiten für beide Kinder und allerhand Stauraum – und wirkt wie eine helle Zauberhöhle. In der Treppe, die nach oben führt, verbirgt sich der Spielzeugschrank. Eine große runde Öffnung führt zum unteren Schlafplatz. Seitlich gibt es eine zweite, kleinere Öffnung, durch die man unauffällig hinausspähen kann. ●

PERLUDI

Bauklötze zum Burgenbauen

Werden Sie Kissenbaumeister! Das mitwachsende Bett von Pure Position entwickelt sich mit ihrem Kind weiter und passt sich an die verschiedenen Aktivitäten des Tages und die jeweilige Entwicklungsphase des Kindes an. Wenn das Kind groß ist, wird aus dem Bett ein Sofa für die ganze Familie. Mit seinen drei Matratzen und dem intelligenten Polstersystem ist dieses modulare und stabile Möbelstück extrem vielseitig einsetzbar – als Sofa mit einem gemütlichen Kissennest für ein Baby, als Laufstall, Gästebett oder alles in einem. Pure Position schafft eine eigene kleine Wohnzone, die der ganzen Familie Platz bietet. ●

Süße Träume

▼ Zarte Pastellfarben verwandeln jedes einfache Bett in eine gemütliche Schlafecke voller Geborgenheit und helfen garantiert beim Einschlafen. Ein Kissenparadies mit lauter gezeichneten Schlafgefährten in sanften Pink-, Gelb- und Blautönen sorgt für eine wortwörtlich traumhafte Umgebung. Das Türkisblau lackierte Kiefernholzregal mit filigraner Drahtaufhängung von Rose in April gibt dem Kinderzimmer zusätzlich einen eleganten Retro-Touch.

Wo die wilden Kerle wohnen

▼ Fröhliche Illustrationen und flauschige Waldbewohner wie Mr. Moose bevölkern dieses kleine Kuschelparadies. In stilisierten Formen und pastelligen Farben kreierte Bloomingville für seine Serien Mini und Kids anspruchsvolle Textilien, Spielzeug, Geschirr, Kissen und Accessoires für kleine Designfans.

JÄLL & TOFTA

Clevere Raumlösungen

Damit Jasper leicht Ordnung halten kann, hat der Designer reichlich Stau- und Ablagemöglichkeiten eingeplant. Das Gästebett verschwindet in einem Alkoven und die Leseecke in einer gemütlichen Nische. Tisch und Bett – beides nach Maß gefertigt – hat der Designer größer gestaltet, damit sie mit der großen Freifläche und der hohen Zimmerdecke harmonieren. An verschiedenen Stellen gibt es Ecken und Winkel zum Wohlfühlen. Für noch mehr Gemütlichkeit sorgen grüne Farbfelder, die Bett und Alkoven einrahmen, und der Einsatz organischer Materialien wie Holz, Wolle und Leinen. ●

PLYROOM

Betten zum Stecken

Die Kindermöbel von Plyroom haben helle Birkenholzoberflächen, eine schnörkellose, handwerksbetonte Optik mit geschreinerten Elementen und sind leicht und stabil, ansprechend, sicher und in den meisten Fällen umrüstbar. Das Gitterbett Ava Lifestages – umweltfreundlich, FSC-zertifiziert und schadstofffrei – kann wahlweise als in zwei Stufen höhenverstellbares Kinderbett oder als Juniorbett mit Tisch benutzt werden. Für den kinderleichten Umbau werden keine Zusatzteile benötigt. Sleigh ist ein Kinderbett, das mitwächst und bequem zwischen die Beine des Hochbetts Dream Cloud passt. Die Stecktafel Peggy erweist sich beim Spielen als unerschöpfliche Inspirationsquelle. ●

HABITAT

Wer im Holzhaus sitzt ...

Die französischen Zeitschrift *Milk* und die Möbelmarke Habitat entwickeln gemeinsam funktionale Möbel, dekorative Accessoires und Wohntextilien. Die Möbel (zum Beispiel ein Etagenbett mit integriertem Rollbett und ein Zimmerzelt) und Accessoires (von Kissen und Bettbezügen bis zu Deckelkisten und teils bemalten Körben) kombinieren Natureiche mit einer reduzierten Farbpalette, in der Kornblumenblau und Senfgelb den Ton angeben. Ein wiederkehrendes Bildmotiv ist der Hase, der auch als Nachttischlampe zum Einsatz kommt. Regal und Nachtkästchen sind in Wahrheit kleine Giebelhäuser. ●

HABITAT

Clevere Akzente

▲ Bunte Farbtupfer brechen das strahlende Weiß dieses Berliner Kinderzimmers auf. Unter der Wimpelgirlande und den poppigen Hang It All-Wandhaken von Eames leuchten der blaue Teppich mit Racingprint und der Elephant Stool von Vitra um die Wette. Durch die großen Fenster wächst das satte Grün des Gartens. Zwei Puppenhäuser mit Fliegenpilzdächern dienen als Stauraum und im hausförmigen Etagenbett macht das Träumen doppelt so viel Spaß. Dazwischen präsentieren unaufdringliche Regale die Lieblingsbücher.

AFILII/EKOMIA

Maßarbeit für jede Wachstumsphase

Wie ein unsichtbarer Freund, der gemeinsam mit dem Kind größer wird: Das mitwachsende Kinderbett Lumy von ekomia besteht aus FSC-zertifiziertem massivem Kiefernholz aus Schweden, waschbarer Bio-Baumwolle, Schafwolle, Naturlatex, Kokos und Lackfarben. Es ist höhenverstellbar und komplett weiß oder weiß-kunterbunt erhältlich. Dank der beiden Räder lässt sich das Bett leicht bewegen. Im fabrikneuen Zustand befindet sich der Lattenrost in der für Babys geeigneten höchsten Position. Nach drei Jahren kann er abgesenkt werden, damit der kleine Schläfer oder die kleine Schläferin nicht aus dem Bett fällt. Wenn das Kind etwa fünf Jahre alt ist, verwandelt sich das Bett mit einem Umbau-Kit – mit Kreuzschlitz-Schraubenzieher, Hammer, 13-mm-Schraubenschlüssel oder Zange – in ein Jugendbett oder auch in eine bequeme Schlafcouch. ●

SEBRA

Für moderne Prinzessinnen

Das klassische Juno-Bett, Anfang der 1940er-Jahre vom dänischen Architekten Viggo Einfeldt entworfen, ist erwachsen geworden. Sein Entwurf wurde unter die 108 besten dänischen Designs für Kinder gewählt. Heute ergänzt moderne Funktionalität das Original. Die etwas größere Variante Sebra wächst dank höhenverstellbarem Einlegboden mit seinem kleinen Nutzer mit. Babys schlafen hier ebenso sicher wie größere Kinder. Außerdem wird es in einer antibakteriellen, umweltfreundlichen Holzfarbe gestrichen, die ein gesünderes Raumklima verspricht. ●

BABETTE LEERTOUWER

Von der Reiselust gepackt

Mit einfachen Ideen und liebevoll restaurierten alten Möbeln hat die Designerin Babette Leertouwer ein schlichtes Zimmer im niederländischen Baarn in ein rustikal-modernes Kinderzimmer verwandelt. Den Namen des kleinen Bewohners – Luca – brachte sie als Seil-Schriftzug über seiner Holzschiff-Wiege an. Der Kommode verpasste sie einen neuen Anstrich und Seile als Schubladengriffe. Als Wandregale dienen einfache Holzkisten, die zum Bilderrahmen für die darin abgelegten Gegenstände werden – zum Beispiel für den farbenfrohen Abakus. Das Flugzeug und den Heißluftballon an der Wand entwarf Leertouwer am Computer. ●

Sorgfältig austariert

Die Schönheit liegt im Detail: In diesem Zimmer, leuchtend weiß und kornblumenblau angestrichen, sind zwei Spielwelten zu einem Gesamtkunstwerk verschmolzen. Hier ein Klassenzimmer mit Weltkarte, altem Schultisch und Tafel und dort ein Tipi mit Knotenkissen und indianischem Federkopfschmuck. Ein geschnörkelter Neonschriftzug ziert die Wand. Im dreistufigen Regal haben Strickpuppen, eine Matrjoschka und ein Holzauto es sich gemütlich gemacht. Auf dem Kaminsims türmen sich handbemalte Holzklötze mit Bildern – Hummel, Erdbeere und Seidenzylinder – und den Buchstaben des Alphabets. ●

ALDEA HOME + BABY

Für kleine Kosmopoliten

Das Sortiment von Aldea Home & Baby in San Francisco greift unterschiedliche Traditionen auf und bleibt dabei ganz urban. Diese rustikal-moderne Kinderzimmereinrichtung ist als Inspirationsquelle für Kunden und Heimwerker gedacht und kombiniert das Sparrow Kinderbett von Oeuf mit dem offenen Regal Mini Storage Library im Fünfzigerjahre-Stil und einer passenden Kommode samt Wickeltisch. Um clevere Ideen waren die Raumgestalter nicht verlegen: Sie haben den Wänden ihre grobe Textur gelassen, ein aufgestelltes Kanu zum Regal umfunktioniert und mit einem Weltkartenteppich für Farbe gesorgt. ●

EMILIE MUNROE

Im Reich der Tiere

Die dreibeinige, hoch aufragende Stehleuchte wirkt wie eine Giraffe, die über das Gitterbett aus dunklem Holz wacht. In diesem Kinderschlafzimmer gehen dunkle Holzflächen mit dem weißem Wandanstrich und dem bunt gestreiften Teppich eine kontrastreiche Verbindung ein. Auf der Bettwäsche tummeln sich allerhand wohlmeinende Geschöpfe, die zusammen mit dem Elefantenkissen, mit Nilpferd, Löwe und den aus Leder gefertigten Trollwesen, die vom Regal einen wachsamen Blick ins Zimmer werfen, ein vollzähliges Tierreich bilden. Die knallgelbe Metalltruhe bietet nicht nur Stauraum, sondern auch eine schön anzuschauende Sitzgelegenheit. ●

ALDEA HOME + BABY

Für mein Baby und mich

In diesem Schlafzimmer ist dem Designer eine Synthese gelungen, die erwachsenen- und kindgerecht zugleich ist: zitrusgelbe Klecksgemälde in eleganten schwarzen Rahmen hängen Seite an Seite mit einem Starburst-Kronleuchter aus Messing im Stil der 1950er Jahre. Neben einem gedrechselten Beistelltisch stehen sich ein klassisch-moderner Sessel mit anthrazitfarbenem Polster und ein Mini-Sessel mit pinkfarbener Sitzfläche gegenüber. Die Sinne des Babys finden hier viele Anregungen: das mit Schafen behängte Mobile, ein gelbes Tischregal in Elefantenform, eine Seepferdchenlampe, der rotweiße Kissenfisch im Holzgitterbett und ein runder Teppich, der strahlenförmig gedämpfte Farben aussendet. ●

EMILIE MUNROE

Boxenstopp

Benjamin, dessen Name in großen Metallbuchstaben die Wand ziert, legt sich jeden Abend in einem knallroten Rennauto schlafen. Ein weiterer Formel-1-Wagen, den Emilie Munroe auf Shutterstock gefunden und als Tapete ausdrucken hat lassen, scheint geradezu aus der Wand geschossen zu kommen. Zum abendlichen Vorlesen wird die Giraffenlampe mit Bommelborte angeknipst. Der Nachttisch stammt von Room&Board, das gelbe Regal von The Land of Nod. Dazu wählte Munroe den Stuhl Palms I von Vioski, einen Sitzsack von Leong Interiors und die Kommode Devon von Newport Cottages, deren Schubladen großzügigen Stauraum für Kleidung und Spielzeug bieten. ●

EMILIE MUNROE

Charakter-bildend

Mit viel Gespür für architektonische Eigenheiten hat Studio Munroe diese Residenz in San Francisco restauriert. Für das Kinderzimmer wählten die Designer strahlende Korall- und Minztöne, Himmelblau und sonniges Orange. Der Wäschekorb in Eulenform von Give a Hoot und der Schildkrötenkorb von The Land of Nod scheinen ins Gespräch vertieft. Dazu kombinieren Studio Munroe zwei carved wood side table von West Elm und den Lattice Flokati von Anthropologie. Die Jalousien werden von The Shade Store, die Leuchte Daredevil Ovo von Lamps Plus und die verzinkte Truhe Versus von CB2 hergestellt. ●

ALDEA HOME + BABY

Kreatives Chaos für kleine Künstler

Es ist nicht leicht zu erraten, wer dieses Schlafzimmer bewohnt: Hier residiert Andiamo, ein italienischer (Stoff-)Hund, der aus Peru stammt, eine Vespa besitzt und gern Spaghetti isst. In seinem Zimmer (in dem auch seine junge Besitzerin lebt) steht ein kompaktes Perch Hochbett von Oeuf aus dem Sortiment von Aldea Baby, das für vieles Platz bietet – Wimpelgirlanden, gemusterte Kissen, Kinderzeichnungen und viele weitere Mitbewohner aus Plüsch. Eine echte Nobelherberge ist das umweltfreundliche Bambus Villa Sonnenschein Puppenhaus von HaPe. Zu seiner modernistischen Architektur gehören drei bewegliche Lucite-Raumteiler und ein praktisches Solarmodul, das die LED-Leuchten im Puppenhaus mit Strom versorgt. ●

LAGO

Nie erwachsen werden

LAGO's Mantra: „Hör niemals auf, Kind zu sein". Die italienische Marke zaubert filigrane Möbel aus nachhaltigen Materialien und ist bekannt für ihre grafischen Regale und minimalistischen Betten und Schreibtische, die im Grunde nur aus dem eigenen Umriss bestehen. Die Betten Gizmo, Fluttua und Cloud versprechen schwerelosen Schlaf. Kleine Baumhausfans kuscheln sich in das Bett Linea, das über seiner kleinen Leiter im Zimmer zu schweben scheint und so eine aufregende Aussicht verspricht. ●

Technē Architecture + Interior Design

▶ Mit Humor und Eleganz hat die Architektengruppe Technē in diesem Art-déco-Haus in Melbourne ein Kinderzimmer eingerichtet. Die wichtigsten Gestaltungselemente sind ein tiefdunkelgrüner Teppichboden, der Waldgefühle weckt, sowie ein Togo-Sessel von Ligne Roset, ein modernistisches Holzkinderbett mit transparenten Seitenwänden und ein Hocker in Form eines angeknabberten Maiskolbens.

Brise um die Nase

▶ Das pastellfarbene Interieur dieser Fischerhütte in Devon ist das Pendant zum Glitzern der nahen Küste. Ham Interiors hat sich bei der Farbwahl für dieses Kinderzimmer von einer frisch aufgeschnittenen Wassermelone inspirieren lassen: meergrüne Kissen und Polster, ein minzfarbener Rollo, ein rosafarbener Teppich, rot gestreifte Kissen und Wände in Rosé.

Schichtwechsel

▶ Das Kinderbett uuio VII zelebriert das schlichte Design der 1950er-Jahre. Durch austauschbare Rahmenteile wächst dieses Bett wortwörtlich mit.

JOANNA BAGGE

Platz schaffen

Superlative sind hier mehr als angebracht: Dieses intelligente Interieur ist hypereffizient, hyper-ansprechend und hyperkomfortabel. Die Stylistin Joanna Bagge hat die Gestaltung ihres 68 Quadratmeter großen Apartments selbst umgesetzt. Berg kombiniert für die vierköpfige Familie eine multifunktionale Trennwand mit Einbauschränken, Aufbewahrungslösungen und Betten. Dank schwarzem Valchromat, viel Glas und weiß lackierten MDF-Holzelementen wirken die einst engen Räume nun weit und großzügig. ●

OLIVER FURNITURE

Klassisch skandinavisch

Die dänische Marke Oliver Furniture verbindet Klassisch-Vertrautes mit elegantem Design und verwendet solides, FSC-zertifiziertes Eichen- und Birkenholz oder weiß geölte Nordische Eiche. Im Bett Wood Mini+ fühlen sich auch die Kleinen im Schlaf schon ganz groß. Mit wenigen Handgriffen werden aus dem Hochbett zwei Einzelbetten und aus dem Juniorbett ein Liegestuhl. Das niedrige Hochbett Wood Mini+ bietet viel Platz zum Schlafen, ohne zu viel Raum einzunehmen. Und wenn die Kinder größer werden, lässt sich mit einem einfachen Umbau-Kit eine Schlafcouch oder ein kleines Sofa daraus machen. ●

STIL&RUM

Wachstums-potenzial

Wie die beliebten Bleistiftstriche an der Wand macht auch das Bettmodell Minnen von IKEA jeden Wachstumsschub mit. Das ausziehbare Eisengestell begleitet kleine Träumer bis ins Teenageralter. Besonders gut schläft es sich in der weichen Bio-Perkalbettwäsche der schwedischen Marke Fine Little Day. Das Tannenbaummuster Gran ziert auch die GOTS-zertifizierte Kuscheldecke aus flauschigem Baumwoll-Musselin-Mix. Aus dem offenen Regal winken Bären, Bücher und Bilder. Der weiß gestrichene Schlafboden wird nach Lust und Laune zum wilden Piratenschiff. ●

BAILEY MCCARTHY

Bühne frei

Designerin Bailey McCarthy und Stylistin Rebecca Omweg haben dieses Schlafzimmer für zwei Kinder dezidiert als Bühne gestaltet. Kraftvolle grafische Muster in Blau strukturieren Wände, Wandverkleidungen und Etagenbett. Auch für Teppichboden, Sessel und Fußbank wurden Blautöne gewählt. Eine Wand wurde mit dem Muster Cambridge Stripe von Cole & Son tapeziert. Der farbenfrohe Kronleuchter aus geblasenem Glas setzt einen karnevalesken Akzent. Auch die Stoffe spielen eine tragende Rolle: der Vorhangstoff Arty Multicolore 01 von Pierre Frey für das Raffrollo und – als markanter Kontrast – das knallrote Bettzeug von Biscuit Home. ●

CONFETTI EVENT DESIGN

Spielwiese für bunte Muster

Senfgelb und Smaragdgrün verwandeln dieses Schlafzimmer farblich in eine Edelsteinschatulle, die mit bunt gemusterten Textilien (Paisleymuster und an indische Seidenmalerei angelehnte Motive) mit Leben erfüllt wird. Für die Wände wurde ein kraftvolles Meergrün, für das Bettzeug Ocker gewählt. Das Etagenbett, das an einen Renaissanceturm erinnert und in das man durch stilisierte Torbögen klettert, ist innen pink ausgemalt. Die Vorhänge davor sind rubin- und saphirfarben gemustert. Komplettiert wird das Dekor durch Turnier- und Siegerschleifen, die die Kinder errungen haben, Verkehrsschilder („Umleitung") und eine Schneiderpuppe, die mit einem Lampenschirm kurzerhand in eine Stehleuchte verwandelt wurde. ●

Bilderbuch-schlafzimmer

▼ Dekorateur David Netto hat das Spielzimmer und das Kinderschlafzimmer in diesem Gästehaus in Los Angeles wie in einem Bilderbuch gestaltet. Im Schlafzimmer im spitzen Dachgiebel des Hauses wechseln sich Pink und Blau als Tagesdeckenfarben ab; der Teppich ist violett und burgunderrot gestreift. Eine Wand ist flächendeckend mit amorphen Farbtupfern verziert, die im Spielzimmer als Vorhangmuster wiederkehren (dort steht ihnen ein Polstersessel im Stil von Josef Frank zur Seite). Märchenhafte Möbel wie der Drahtstuhl von Harry Bertoia und die zierlichen Messing-Stehleuchten runden das Gesamtbild ab.

Lichte Kindheit

▼ In diesem lichtdurchfluteten Schlafzimmer für zwei Kinder haben Peek & Pack das Sonnenlicht zum Hauptdarsteller gemacht. Die Designer lassen es durch die Fenster einströmen (an einen der Messinggriffe haben sie ein Strandgutmobile gehängt, das sich im Lufthauch sanft bewegt). Die Wände haben sie in einem strahlenden Weiß gestrichen. Tiermasken – ein Bär, ein Panda und ein Tiger – schauen von der weißen Ziegelwand ins Zimmer. Die hellen Holzbetten werden industriell anmutenden Leseleuchten flankiert. An der Wand dahinter reihen sich keine Hieroglyphen aneinander, wie man meinen könnte, sondern allerlei architektonische Weltwunder.

Design-Eldorado

◀ Praktisch und verspielt zugleich, ist dieses Madrider Kinderzimmer eine kleine Schatzkammer für Designfans. Die Designerin Susana Sandonis kombiniert natürliche Materialien wie Holz, Eisen und Baumwolle mit Origami-Leuchten von Studio Snowpuppe. Vor der Tapete von NOFRED kommt das überdachte NYC-Bett des Herstellers Oeuf besonders gut zur Geltung.

Index

afilii
afilii.com

afilii–Design for kids/casieliving
S. 84

afilii–Design for kids/fnurst
S. 85

afilii–Design for kids/RatzRaum
S. 11 oben

afilii–Design for kids/PRINZENKINDER
S. 11 unten

afilii–Design for kids/jundado
S. 124 unten

afilii–Design for kids/ekomia
S. 202–203

afilii–Design for kids/Richard Lampert
S. 158–159

Aldea Home + Baby
aldeahome.com

Fotografie: Thomas Kuoh
S. 175 oben
S. 214–215
S. 218–219
S. 224–225

Antonius Schimmelbusch
antoniusschimmelbusch.com

Interior Design: Melissa Antonius
und Lena Schimmelbusch

Fotografie: Brita Sönnichsen
S. 2, 43

Fotografie: Ragnar Schmuck
S. 4 oben, 7

Fotografie: Jens Bösenberg
S. 5 oben

Fotografie: Christoph Kümmecke
S. 5 unten

Fotografie: Stefan Marquardt
S. 179

April and May
blog.aprilandmay.com

S. 92–95
S. 123 unten

Atelier Choux Paris®
atelierchoux.com

S. 65–66

Avenue Design Studio
avenuelifestyle.com

S. 10
S. 14–15
S. 35 oben
S. 139
S. 150–151

Joanna Bagge
joannabagge.se

Interior Design: Joanna Bagge
Fotografie: Jonas Berg
S. 236–237

Anders Bergstedt
andersbergstedt.com

Fotografie: Anders Bergstedt
S. 16
S. 38–39
S. 58–59
S. 72–73
S. 78–83
S. 136 oben

Bien Fait
bien-fait-paris.com

Fotografie: Cécile Figuette
S. 56–57

Bloomingville
bloomingville.com

S. 33
S. 191

Julia Bostock
juliabostock.com

Fotografie: Julia Bostock
S. 88 oben

Cam Cam Copenhagen
camcamcopenhagen.com

S. 37 oben links
S. 88 unten
S. 90 oben rechts

Confetti Event Design Inc.
confettieventdesign.com

Fotografie: Roger Davies
S. 244–245

GUR
rugbygur.com

Design: José JaJaJa
Copyright: Célia Esteves/GUR
S. 42

Justine Glanfield

Interior Design: Justine Glanfield
Fotografie: Louise Desrosiers
S. 90 oben links
S. 142 unten links
S. 152–153
S. 204–205

Fantastic Frank Real Estate
fantasticfrank.de

Fotografie: Daniele Ansidei
S. 200–201

ferm LIVING
fermliving.com

S. 86 oben
S. 166–171

HABITAT
habitat.com

S. 34 unten
S. 49 oben
S. 196–199

hám interiors
haminteriors.com

S. 233

Marjon Hoogervorst
vorstin.nl

Fotografie: Marjon Hoogervorst
S. 177 rechts

House of Pictures
houseofpictures.dk

Produktion: Emma Persson Lagerberg/House of Pictures
Fotografie: Andrea Papini/House of Pictures
S. 6
S. 9
S. 18–19

Idea & Styling: Louise Kamman Riising/House of Pictures
Fotos: Pernille Kaalund/House of Pictures
spaconandx.com
S. 127 unten
S. 134–135

Inter IKEA Systems B.V.
ikea.com

S. 118–121

The Interior Archive
interiorarchive.com

S. 12 Fotografie: Nicolas Matheus/Cote Paris, Design: Laurence Dougier

S. 24, 47 Fotografie: Joanna Maclennan, Design: Fabienne Collombel

S. 25 Fotografie: Edina van der Wyck, Architektur: Josh Schweitzer

S. 35 unten, 40–41 Fotografie: Alexander James, Design: Oliver Burns

S. 44 oben Fotografie: Jeltje Janmaat/House of Pictures, Design: Iris Rietbergen

S. 46 oben, 54–55 Fotografie: Luke White/The Irish at Home, Design: Ros Walshe

S. 122 Fotografie: Frederic Vasseur/Cote Paris, Design: Catherine Schmidt

S. 125 Fotografie: Fritz von der Schulenburg, Design: Philip Hooper

S. 138 unten Fotografie: Jeltje Janmaat/House of Pictures

S. 177 oben links Fotografie: Frederic Vasseur/Private Places/Jacqui Small Collection, Design: David Berg

S. 177 unten links, 210–211 Fotografie: Jeltje Janmaat/House of Pictures, Design: Babette Leertouwer

S. 178 unten Fotografie: Alexander James

S. 179 unten Fotografie: Luke White, Design: Ab Rogers

S. 180 oben Fotografie: Joanna Maclennan, Design: Miss Clara

S. 180 unten Fotografie: Luke White

Jäll & Tofta
jaellundtofta.de

Fotografie: Anne-Catherine Scoffoni
S. 143
S. 183 oben rechts und unten
S. 192

Fotografie: Anne Deppe
S. 182
S. 183 oben links
S. 184
S. 185 oben und unten
S. 193

JULICA
julica-design.de

Fotografie: Matthias Ritzmann
S. 87
S. 98–99
S. 129 oben

LAGO
lago.it

Cover
S. 142 oben
S. 226–231

Anna Landstedt
annalandstedt.com

Interior Design und Fotografie: Anna Landstedt
S. 44 oben
S. 74–75
S. 86 unten
S. 104–107
S. 144

Jolene Lindner
jlidst.com

Interior Design: Jolene Lindner
Fotografie: Thomas Kuoh
S. 140 unten

Index

Live Loud Girl
liveloudgirl.com

S. 46 unten
S. 76-77

Karina Kaliwoda
ohwhataroom.de

styling und Fotografie:
Karina Kaliwoda
S. 30-31

Bailey McCarthy
baileymccarthy.com

Interior Design: Bailey McCarthy
Fotografie: Roger Davies
S. 181
S. 242-243

Charles Mellersh
charlesmellersh.com

Interior Design: Charles Mellersh
Fotografie: Chris Tubbs
S. 89

Mercante Testa
marcante-testa.it

Fotografie: Carola Ripamonti
S. 32

Lois Moreno
ilovequeencharlotte.com

Fotografie: Lois Moreno
S. 13
S. 22
S. 52-53
S. 114-117
S. 140 oben
S. 141 oben
S. 142 unten rechts
S. 156-157
S. 212-213

Mr Maria
mrmaria.com

S. 37 unten

Müller Möbelwerkstätten
muellermoebel.de

S. 100-103
S. 123 oben
S. 144 unten links

Emilie Munroe
studiomunroe.com

Interior Design: Emilie Munroe
Fotografie: Thomas Kuoh
S. 36
S. 37 oben rechts
S. 50-51
S. 216-217
S. 220-223

David Netto
davidnettodesign.com

Interior Design: David Netto
Fotografie: Roger Davies
S. 246-247

Oliver Furniture
oliverfurniture.com

S. 108-111
S. 148-149
S. 238-239

OYOY
oyoy.dk

S. 126 oben
S. 160-165

Femke Pastijn
femkepastijn.nl

Styling: Femke Pastijn
Fotografie: Marjon Hoogervorst
S. 128

Peek & Pack
peekandpack.com

Interior Design: Susana Sandonis
Fotografie: Silvia Bujan
S. 143 oben
S. 175 unten
S. 248-251

Perludi
perludi.com

S. 112-113
S. 172
S. 186-187

Playoffice
playoffice.es

S. 130-131

Plyroom
plyroom.com

S. 194-195

Pamela Pomplitz
strawberrylake.se

Styling: Pamela Pomplitz
Fotografie: Martin Cederblad
S. 132-133

Marieke van Proosdij

Styling: Marieke van Proosdij
Fotografie: Marjon Hoogervorst
S. 144 oben

**pure position,
ein Label der IWL Machtlfing**
pureposition.de

S. 146–147
S. 188–189

Rafa-kids
Rafa-kids.com

S. 174

Reiner Light Agency
reinerlight.com

Fotografie: Victoria Pearson
S. 8

Rose in April
roseinapril.com

S. 176
S. 190

Sebra
sebra.dk

Interior Design: Sebra Interior
Styling: styleplay.dk
Fotografie: Anna Overholdt Hansen
S. 9 oben
S. 123 unten
S. 206–209

Sian Zeng
sianzeng.com

S. 45 oben
S. 48
S. 66–69

Sigmar London
sigmarlondon.com

Fotografie: Erica Bergsmeds
S. 23

Stil & Rum
stilorum.se

Fotografie: Anders Bergstedt
S. 240–241

Studio Revolution
studio-revolution.us

Interior Design: Studio Revolution
Fotografie: Thomas Kuoh
S. 26–27
S. 34 oben
S. 129 unten

Studio ROOF
studioroof.com

S. 4 unten
S. 45 unten

Espen Surnevik
espensurnevik.no

Architektur: Espen Surnevik
Fotografie: Ragnar Hartvig
S. 9 unten
S. 96–97
S. 144 unten rechts

Polina Soloveichik
polinasoloveichik.com

Malerei: Polina Soloveichik
Fotografie: Leon Kopplow
S. 70–71

**Techne Architecture
+ Interior Design**
techne.com.au

Fotografie: Tom Blachford
S. 20–21
S. 232

That's mine
thatsmine.dk

S. 126 unten

This Modern Life
thismodernlife.co.uk

Interior Design: Suzanne Harmar
Fotografie: Andrew Hingston
S. 136–137
S. 178 oben

TORAFU ARCHITECTS
torafu.com

S. 124 oben
S. 127 oben
S. 141 unten
S. 154–155

uuio
shop.uuio.de

Fotografie: Matthias Oertel
S. 173
S. 234–235

Julia von Werz
juliavonwerz.com

Interior Design: Julia von Werz
Fotografie: Tom Mannion
S. 28–29

Jennifer Yamsek

Fotografie: Jennifer Yamsek
S. 60–63

Kinderkram

Kinderzimmer für kleine Leute von heute

Konzeption, Redaktion und Design von Gestalten.

Herausgegeben von Robert Klanten, Sally Fuls and Maria Niebius

Vorwort und Features von Antonius Schimmelbusch

Texte von Shonquis Moreno

Übersetzung aus dem Englischen von Marianne Julia Strauss und Andreas Bredenfeld

Projektmanagement von Sonja Altmeppen und Sina Kernstock

Design von Britta van Kesteren
Layout von Jonas Herfurth
Creative Direction of Design und Cover von Ludwig Wendt

Schriften: Suburban von Rudy VanderLans, Filson von Olivier Gourvat

Titelbild von LAGO

Druck: Printer Trento s.r.l., Trento, Italien
Hergestellt in Europa

Erschienen bei Gestalten, Berlin 2018
ISBN 978-3-89955-685-8

Die englische Ausgabe ist unter der 978-3-89955-942-2 erhältlich.

© Die Gestalten Verlag GmbH & Co. KG, Berlin 2018

Das Werk ist einschließlich aller seiner Teile urheberrechtlich geschützt. Jede Verwendung ist ohne schriftliche Genehmigung des Verlags unzulässig. Dies gilt insbesondere für Vervielfältigung, Mikroverfilmung sowie Einspeicherung und Verarbeitung in elektronischen Systemen.

Respect copyrights, encourage creativity!

Weitere Informationen und Buchbestellungen unter www.gestalten.com.

Bibliografische Information der Deutschen Nationalbibliothek. Die Deutsche Nationalbibliothek verzeichnet diese Publikation in der Deutschen Nationalbibliografie; detaillierte bibliografische Daten sind im Internet über http://dnb.d-nb.de abrufbar.

Alle in dieser Publikation vorgestellten und porträtierten Unternehmen, Projekte und Individuen wurden auf Basis ästhetischer und inhaltlicher Kriterien ausgewählt und in keinem Fall aufgrund von Zahlungen oder kommerziellen Zuwendungen seitens der vertretenen Architekten, Designer und Künstler.

Dieses Buch wurde auf FSC®-zertifiziertem Papier gedruckt.